经典百年海战大观

珊瑚海海战

田树珍 ★ 编著

民主与建设出版社
·北京·

© 民主与建设出版社，2023

图书在版编目（CIP）数据

珊瑚海海战 / 田树珍编著 . -- 北京：民主与建设出版社，2018.7（2023.4 重印）
（经典百年海战大观）
ISBN 978-7-5139-2015-5

Ⅰ . ①珊… Ⅱ . ①田… Ⅲ . ①太平洋战争—海战—史料 Ⅳ . ① E195.2

中国版本图书馆 CIP 数据核字（2018）第 040945 号

珊瑚海海战
SHANHUHAI HAIZHAN

编　　著	田树珍
责任编辑	胡　萍
封面设计	朝圣设计
出版发行	民主与建设出版社有限责任公司
电　　话	（010）59417747　59419778
社　　址	北京市海淀区西三环中路 10 号望海楼 E 座 7 层
邮　　编	100142
印　　刷	湖南汇龙印务有限公司
版　　次	2018 年 7 月第 1 版
印　　次	2023 年 4 月第 2 次印刷
开　　本	710 毫米 ×1000 毫米　　1/16
印　　张	15
字　　数	180 千字
书　　号	ISBN 978-7-5139-2015-5
定　　价	39.80 元

注：如有印、装质量问题，请与出版社联系。

前言

大海战 100 年

美国杰出的军事理论家马汉于 1890—1905 年间提出了制海权理论，其核心是"谁能控制海洋，谁就能控制陆地，进而控制整个世界"。因此，掌握全面制海权不仅是海军的核心任务，更是国家的战略目标，人类近代海战史充分印证了马汉这一理论。

近百年来，以美国、英国、法国、德国、意大利、日本为首的军事强国都在优先发展海上力量。在第一、第二次世界大战及近代几次战争中，这些国家通过海上封锁、破坏对方海上运输线、海上决战等方式，在一定海域内获得了制海权，进而实现了控制相关陆地的战略目的。

这其中，留给我们印象最深刻的是两次世界大战，无论是作战规模、作战样式，还是战争的惨烈程度都是空前的。在这两场战争中，海战这一古老的战争类型，由于使用了新武器、新装备，发生了革命性的变化。当德国的"俾斯麦"号和"提尔皮茨"号、日本的"大和"号和"武藏"号、英国的"威尔士亲王"号等超级战列舰被奉为"海战之王"时，以美国为代表的航空母舰及其战斗群横空出世，在一场场血与火的搏杀中表现出色，为美国最终赢得太平洋战争立下汗马功劳，名正言顺地取代了战列舰成为新的"海上霸主"。同时，随着人类科学技术的不断进步，核潜艇的出现又彻底打破了固有的海战模式，其强大的战略、战术威慑力，使之成为令人生畏的深海杀手。

为了再现近百年的大海战全景，我们精心推出"经典百年海战大观"系列丛书。这套书详细地再现了近百年来海战中的经典战例、著名战舰以及一些鲜为人知的人物故事，共20册，每册讲述一个独立的海战故事，书中涉及日德兰之战、珍珠港之战、珊瑚海之战、中途岛之战、瓜达尔卡纳尔之战、莱特湾之战、马里亚纳群岛之战、围歼"俾斯麦"号战列舰之战等海战史上至今仍然被人们津津乐道的经典战役。

进入21世纪，中国人民解放军海军迅速发展壮大，有力地保卫了祖国海防，但中国海军依然任重道远。要保护我们国家的利益，需要建设强大的海军，需要我们比以往任何时候都更加关注海洋、了解海战的历史。

目　录

第一章
日军大惨败

★ 12月7日凌晨，正当机动编队在黑夜中从北面向瓦胡岛挺进时，南云忠一收到了一份令人失望的报告：珍珠港内没有美军航空母舰。

★ 当一位记者问尼米兹下一步的打算时，尼米兹想了一下，回答说："枕戈待旦，做好准备，把握时机，争取胜利。"

★ 在办公桌的玻璃板下，尼米兹还压着几张军事术语的卡片，一张小卡片上写着："作战目标，进攻战，突然袭击，接敌点要有优势兵力，简要，安全，运动，节省力量，协同配合。"

★ 美国海军陆战队全部登上萨摩亚岛，"企业"号航空母舰和"约克城"号航空母舰编队开始向吉尔伯特群岛和马绍尔群岛进发。

1. 奇袭珍珠港 / 002
2. 尼米兹重振士气 / 014
3. 新司令的风格 / 028
4. 海上亮剑 / 039

第二章
变幻的局势

★ 在盟军战局恶化的情况下，金要求尼米兹动用包括驻扎在西海岸的6艘战列舰在内的一切可动用部队，牵制敌人进攻，增援西南战区。

★ 日本人原想留在他们的环形防御圈里，准备击沉突破防御圈的美国军舰，直到美国人愿意谈判为止。但是，他们在南太平洋的胜利比计划的大大地提前了。

★ "让杜立特上校和勇敢的中队起飞吧。一路平安，上帝保佑你们。"哈尔西向"大黄蜂"号航空母舰发出信号。

★ 通过有根据的猜测来填补情报，拼凑当中缺少的部分，以及通过破译密码来做出这样的解释的过程中，约瑟夫·罗彻福特起着主导作用。

1. "哈尔西公牛"反击 / 054
2. 爪哇海战 / 066
3. 杜立特空袭 / 078
4. 25号密码的魔力 / 090

第三章
莱特岛"豪赌"

★ 3500 海里的航程，要按时赶上参加战斗，确实是不大可能。尼米兹设想，如果敌人推迟了行动计划，那么，哈尔西与弗莱彻汇合之后，哈尔西将担任作战的总指挥。

★ 6点15分，攻击部队起飞。第一批是18架"道格拉斯 SBD"侦察轰炸机，紧跟着起飞的是同样数量的"道格拉斯 SBD"俯冲轰炸机，每架携带一颗重达450公斤的炸弹。

★ 美国人首先打击了日军，从而揭开了珊瑚海之战的序幕。尼米兹高兴地从珍珠港给弗莱彻发报说："祝贺你和你的部队圆满完成任务，望能和援军扩大战果。"

★ "尼奥肖"号油船发来电报说，他们遭到了日本飞机的攻击。"西姆斯"号驱逐舰已经沉没，"尼奥肖"号油船也几次中弹，但是海曼报告：尽管油船丧失航行能力，却能一直浮着。

1. 目标，珊瑚海 / 102
2. 轰炸图拉吉 / 111
3. 乌龙遭遇战 / 122
4. "尼奥肖"号油船被击沉 / 132

第四章

海上激战

★泰勒在一队"野猫"式战斗机的保护下,率领鱼雷轰炸机中队展开进攻。它们冒着密集的高射炮火,低空掠过"翔鹤"号,突破了18架"零"式战斗机的严密防御。

★当美国飞行员开始返回他们自己的航空母舰时,惊讶地发现自己在轰炸日本航空母舰时,日本飞机也在轰炸他们的航空母舰,而且日本飞机能够发动更有效的进攻。

★11点22分,轰的一声,"列克星敦"号航空母舰又震了一下,中了第4枚鱼雷,在左舷中部。接着不到一分钟,又中了第5枚鱼雷,是在左舷前部。

★敌机的炸弹碎片和机枪扫射造成许多伤亡,其中有些是127毫米左后炮的陆战队员。飞行甲板两侧炮位上的人员遭到靠近弹弹片的杀伤。

1. 舰载机空中大PK / 144
2. 日本航空母舰反扑 / 154
3. 王牌对王牌 / 166
4. 致命的伤害 / 178
5. "列克星敦"号航空母舰沉没 / 188

第五章
疯狂反扑

★ 几分钟前,塞利格曼已经分别向他俩报告,一次毁灭性的爆炸迫在眉睫。炸药的温度早已大大超过了理论爆炸点,随时都可能爆炸。

★ 美国报界使公众对谁应当戴上胜利的桂冠毫不怀疑——但这是因为美国海军将"列克星敦"号航空母舰被击沉的事实巧妙地隐瞒了4个多星期。

★ 尼米兹只有3艘航空母舰去攻击南云忠一的4艘航空母舰,但是他有一艘永不沉没的航空母舰,就是中途岛。尼米兹将海军最好的飞机和最优秀的飞行员都配置在这3艘航空母舰上。

★ 中途岛战役的胜利得之不易,美国损失了一艘航空母舰和一艘驱逐舰,147架飞机、307人。此外,中途岛的军事设施普遍遭到破坏,荷兰港设施也遭到中等程度的损坏。

1. 了不起的惨胜 / 202
2. 更猛烈的新战役 / 213
3. 中途岛,延续传奇 / 223

第一章
太平洋战争爆发

★ 12月7日凌晨，正当机动编队在黑夜中从北面向瓦胡岛挺进时，南云忠一收到了一份令人失望的报告：珍珠港内没有美军航空母舰。

★ 当一位记者问尼米兹下一步的打算时，尼米兹想了一下，回答说："枕戈待旦，做好准备，把握时机，争取胜利。"

★ 在办公桌的玻璃板下，尼米兹还压着几张军事术语的卡片，一张小卡片上写着："作战目标，进攻战，突然袭击，接敌点要有优势兵力，简要，安全，运动，节省力量，协同配合。"

★ 美国海军陆战队全部登上萨摩亚岛，"企业"号航空母舰和"约克城"号航空母舰编队开始向吉尔伯特群岛和马绍尔群岛进发。

1. 奇袭珍珠港

1940年，德国开启的战争似乎有席卷全球之势。同年春，法国与荷兰的相继陷落产生了蝴蝶效应，在东南亚的法属越南和荷属东印度群岛（爪哇、印度尼西亚等地）成了孤立无援的殖民地。

作为德国的盟国，日本自然在亚洲也嚣张了许多，英国此刻已经被希特勒弄得焦头烂额，在亚洲的地位被严重削弱，只好屈从日本的要求，关闭了中国同海外联系的最后通道——滇缅公路。从来不赞成陆军在大陆冒险的日本帝国海军如今也看准了一个向东印度群岛扩张的机会，以夺取石油、锡、橡胶。

日本侵略者早已沿着中国的海岸向南推进，占领了海南岛。法国失陷后不久，法国傀儡政府控制的越南当局同意日本占领越南的北部，日本人在那里建立了大型的军事基地，日本也因此更加张狂。

在美国看来，日军进驻越南是个严重的问题。1941年7月，当日本宣布法国政府已经同意整个越南为其"共同保护领地"时，美国、英国和流亡的荷兰政府予以反对，它们冻结了日本的资产，还禁止从美国、波斯湾和东印度群岛向日本输出石油。

这一步骤加剧了最后的危机，日本必须做出抉择：要么获得石

第一章 太平洋战争爆发

1940年10月，日本军事检阅。图为东条英机向裕仁天皇行鞠躬礼

油，要么停止军事机器运转。日本的狂热派自然心有不甘。1941年10月，近卫文麿辞职，代之而起的是以东条英机为首相的军事政权。同年11月，日本特使到达华盛顿，进行恢复石油输出谈判。

天真的美国人根本没想到日本包藏祸心，还以为能以经济手段控制对方。此刻，美国也不敢轻易跟日本在太平洋开战——白宫认为，最大危险应该是纳粹德国，美国人可不想在欧洲、亚洲同时开战。

美国舰队的主力一直是以西海岸为基地的。但是，在1940年

赫斯本德·金梅尔

春，罗斯福总统命令美国舰队驻泊珍珠港，希望借此遏制日本进一步侵略。欧洲战争爆发后，美国的新式军舰又大部分被调到大西洋，防御德国。美国生产的飞机也差不多都送到了欧洲战场。这时，珍珠港有些空虚。

1941年，不断扩编的大西洋分遣队被改称为大西洋舰队，由欧内斯特·金统率。与此同时，驻泊在珍珠港的舰队改编为太平洋舰队，由赫斯本德·金梅尔指挥。这时，美国在远东还有一支由托马斯·哈特指挥的兵力不多的舰队——这支舰队多年来一直被称为亚洲舰队，驻防菲律宾。

面对日本咄咄逼人的态势，英国虽然派遣舰艇增援新加坡、马来亚等殖民地，但它在远东面临着危机的同时，在地中海也遭到严重的损失。英国海军部犹豫再三后，才同意派遣"威尔士亲王"号战列舰前往新加坡，与已在那里的"反击"号战列巡洋舰会合，以期这两艘主力舰的出现能增强对日本的威慑。亚太地区战云密布，在美日双方的谈判中，美国胜于日本的有利条件是美国能够破译日本的无线电通信。美国密码分析专家已经成功地制造了专门破译日本密码的机器，美国人称日本的这种密码机为"紫色"（这种破译密码的机器和破译后的明文都有代号,称为"魔术")。因此,华盛顿知道日本外务省已把11月下半月作为谈判能否达成协议的最后期限,逾期"将有不测风云"。

11月26日,美国交给日本一份备忘录,要求日本从中国撤军。这份备忘录既不是最后通牒也不是战争威胁,它无非是要向日本表明:如果它不放弃对中国的占领,美国就拒绝向日本输出石油和其他的物资。

此刻,日本已经损耗了大量的生命和财产,并把贪得无厌的奢望都统统寄托于进一步的扩张侵略。既然得不到他们需要的石油,他们就想依靠武力来夺取。荷属东印度群岛的印度尼西亚是距离最近的石油丰产地区,这里几乎毫无设防。美国和英国方面都确信,假如日本夺取了东印度群岛,那么它就要占领那些威胁到日

英国的"威尔士亲王"号战列舰

本油船返回经过的地区，如新加坡、菲律宾、中国香港，还可能包括关岛。

11月27日，美国巡逻机在中国台湾的外海发现了一支可能载有几个师兵力的日本远征舰队。美国海军作战部长立即向在马尼拉的哈特和在珍珠港的金梅尔发出警报。作战部告诫，在今后几天内，菲律宾、马来亚或者婆罗洲可能遭到"日本的侵略"。12月6日，又在越南外海发现了正在向南行驶的日本远征舰队——日本所有行动正如所预料的那样进行着。显然，日本人是要暂时绕过美军控制下的菲律宾。

日本人究竟想干什么呢？其实，他们的远征舰队是驶向马来半岛，准备进攻新加坡。然而，还有另一支日本舰队也在海上，这是美国政府根本没有料到的。这支拥有日本全部6艘大型航空母舰的舰队正在东渡太平洋准备进攻珍珠港！美国的军事参谋人员从未想过日本会用它的航空母舰来做这样大胆的军事冒险。

这种迫在眉睫的进攻还是有迹象的。有关的美国官员已经得知，在华盛顿的日本大使得到命令：除了"紫色"密码外，销毁所有密码本，留下的密码本是用来译解最后一份长达14段的电报的。

12月6日，当最后一份电报拍发时，美国的密译人员在日本人之前就将它破译出来——这份电报是送交美国国务卿通告两国断交的。这是日本人一贯的伎俩，此类电报之后，接踵而至的就是向对方的舰队发动突然袭击——珍珠港就是袭击目标！

第一章 太平洋战争爆发

在袭击中,日本人为了躲避飞机的侦察,他们利用暗夜接近目标,在拂晓发动进攻。这封14段的电报的最后一段要求日本大使在12月7日13点向美国国务院递送断交照会,华盛顿13点正是珍珠港清晨7点30分。

在珍珠港基地上,美国飞机整齐地排成一字横线。它们放松了警惕,也没有防范来自空中的袭击。港内,8艘战列舰全部停泊在战列舰码头,都在安度周末。当时驻泊珍珠港的"列克星敦"号航空母舰和"企业"号航空母舰正好出航,分别向中途岛和威克岛运

日本空袭后,停泊在珍珠港的3艘美国战列舰在燃烧

送飞机。

认为用航空母舰编队袭击珍珠港太冒险的绝不仅是华盛顿的官员，日本海军总参谋部也持同样的观点。他们认为南进去夺取石油是必要的，但是，当日本联合舰队总司令山本五十六提出要同时袭击珍珠港时，他们都惊呆了。

山本五十六坚信，摧毁美国太平洋舰队是日本在太平洋战场中所有军事行动的首要任务。山本五十六以辞职为要挟迫使日本海军总参谋部接受了他的计划。1941年11月中旬，根据山本五十六的命令，一支由"赤城"号航空母舰、"加贺"号航空母舰、"飞龙"号航空母舰、"苍龙"号航空母舰、"翔鹤"号航空母舰、"瑞鹤"号

"B-17"式轰炸机

航空母舰组成的珍珠港机动编队,在"比睿"号战列舰和"雾岛"号战列舰以及3艘巡洋舰、9艘驱逐舰的护航下,驶向千岛群岛中的一个秘密基地等待新命令。山本五十六不允许用无线电,甚至也不允许用密电传送他的计划,以防被外国截获情报并破译。

山本五十六确信战争一触即发,他在11月底就下令机动编队从日本的千岛群岛起航东进。这个时机似乎非常有利。当时,德军正兵临莫斯科和阿拉曼城下,美国海军主力都在大西洋为英国护航运输队巡逻、护航。如果美国对日本宣战,德国和意大利肯定也会以盟友的名义对美国宣战。

"赤城"号航空母舰

正如山本五十六所预料的那样,12月1日,日本御前会议批准了东条英机首相对美国开战的决定。于是,山本五十六用无线电通告机动编队指挥官南云忠一"攀登新高峰",意思是"继续进攻"。

12月7日凌晨,正当机动编队在黑夜中从北面向瓦胡岛挺进时,南云忠一收到了一份令人失望的报告:珍珠港内没有美军航空母舰。现在,战列舰成了主要的目标,此外,还要重点打击飞机以

"加贺"号航空母舰

防报复。

12月7日，天色破晓后不久，一艘在珍珠港外抛锚的驱逐舰的报告和一艘袖珍潜艇被击沉，都未引起美国高级军事指挥机构的警觉。瓦胡岛对岸的雷达兵报告，大批飞机正在从北面飞来，这些飞机被认为是那天早晨从美国飞来的B-17轰炸机群，珍珠港的美军还以为是援军来了。

清晨6点，当机动编队在珍珠港以北200海里处时，6艘航空母舰开始顶风航行，起飞第一波的183架飞机后，经过两个小时让人焦虑不安的等待，终于传来了飞行编队指挥官的暗号："虎！……虎！……虎！"这是突袭成功的代号。这时，第二波170架飞机已经在飞往珍珠港的途中了。到13点，南云忠一的机动编队向西北返航，没有遇到美军的反击。

在日军飞机突袭之下，美军被打了个猝不及防，2400名美军被日军的舰载机击毙或造成重伤，其中大多数是海军人员。另外，还有1300人受了轻伤。日军摧毁了美军230架飞机，并用炸弹和鱼雷摧毁美军18艘军舰，包括所有的战列舰。"亚利桑那"号战列舰被击沉，"俄克拉荷马"号战列舰丧失战斗能力，"加利福尼亚"号战列舰和"西弗吉尼亚"号战列舰在锚地被击沉，"马里兰"号战列舰、"宾夕法尼亚"号战列舰、"田纳西"号战列舰和"内华达"号战列舰都遭不同程度的重创。

日军集中全力攻击美军的舰艇和飞机，但忽略了对潜艇基地、加工厂和港口附近的油罐库区的450万桶油料袭击。事实证明，这是一个严重的错误。向日本发动进攻的第一批美国舰艇就是从潜艇基地出发的，工厂对维修当时和后来损坏的舰艇是极为重要的，而燃料的损失会远远超过舰艇损失给海军作战造成的不利影响。

美国太平洋舰队战列舰序列的暂时性残缺，一下子把"萨拉托加"号航空母舰、"列克星敦"号航空母舰、"企业"号航空母舰、"约克城"号航空母舰、"黄蜂"号航空母舰和"大黄蜂"号航空母舰提到了主力舰的地位，它们不再是许多高级将领们历来坚持认为的"航空母舰不过是些侦察船或战斗舰艇的辅助船而已"。

无论如何，航速达34节的航空母舰也无法同航速只有21节的老战列舰协同作战。在随后几个月中，在新型快速巡洋舰和驱逐舰

美军"企业"号航空母舰

护航下,航空母舰充分显示出它是海战的王牌,舰载机可以飞抵距舰队200海里远的地方执行战斗任务。

★美国人其实破译了"偷袭珍珠港"的情报

在日本袭击珍珠港前夕,美军情报人员曾截获日本本土和日本在华盛顿大使馆间的一次电话。经翻译,内容好像是无关大局的闲聊,而就是这段电话改写了第二次世界大战的进程。

"有个孩子要出生了么?""是的,先生,它确实要出生了。""在什么地方出生呢?""小摇篮。"

美军万万没有想到电话中提到的那所谓"孩子",其实就是日本准备对美军的袭击,美军没有对此情报做出及时的反应,最终导致损失惨重。

从长期的影响来看，袭击珍珠港对日本来说是一个彻底的灾难。日本的主要目标之一是美国的3艘航空母舰，但当时却没有一艘航空母舰在港内："企业"号正在返回珍珠港的路上，"列克星敦"号数日前刚刚开出，"萨拉托加"号正在圣地亚哥维修。世界各地的海军和其他观察家都认为，将美国大多数战列舰创伤作废是这场战役的最大的成果。没有了这些战列舰，美国海军只有依靠它的航空母舰和潜艇——实际上美国海军的航空母舰成了后来反击日本的主要力量。将战列舰摧毁的作用远比日军预想的要小得多。

战前的珍珠港

2. 尼米兹重振士气

虽然珍珠港一役的人员损失是惨重的，但老式战列舰的损伤从长远角度来看却是件幸事。它使美军能把许多熟练的舰员充实到正在发展的航空母舰编队和两栖作战部队中去。那些遭到损伤的战列舰除"亚利桑那"号战列舰和"俄克拉荷马"号战列舰外，其余的在战争结束前都已经全部修复，返回舰队服役，主要用来对陆地目标进行炮击。

在日本人来看，偷袭珍珠港的最大成果是打败了他们的主要对手。日本政府从未希望真正征服美国，他们希望用大量击沉美国舰艇的方式促使美国分崩离析，就像他们在1905年打败俄国人那样，最后同意谈判，把他们夺取的领土让给日本。山本五十六虽然袭击了珍珠港，杀死约2400个美国人，但是，他却立刻使美国人民团结一心，从那时起，美国人从未动摇

山本五十六

过战斗到底的决心。

珍珠港事件之后,海军部长诺克斯立即飞往珍珠港做了视察并召开了一系列会议。

12月15日晚上,诺克斯同罗斯福总统商谈,并向他提出三点建议:

一、成立调查委员会,查清珍珠港防卫失利的原因,查明谁应受到责罚;

二、解除此次军事失利中有不可推卸责任的美国海军舰队兼太平洋舰队总司令金梅尔的职务;

三、美国舰队同地区舰队建制分开,负责整个海军的作战指挥工作。

罗斯福完全同意这3点建议,他和诺克斯一致同意任命金为新设的独立的美国舰队总司令。至于由谁去接替金梅尔,总统和部长决定次日清晨再作商议。

12月16日,诺克斯又来到白宫,他和总统在任命尼米兹为太平洋舰队总司令的问题上很快取得了一致意见。罗斯福对他说:"告诉尼米兹马上去珍珠港坚守岗位,等战争打赢了再回家。"

诺克斯赶回海军部后,马上派人把尼米兹找来。尼米兹完全没有想到白宫会做出这样的决定。当他拖着沉重的步伐来到部长办公室时,诺克斯已经等得有些急躁。他迫不及待地对刚跨进门的尼米兹问了一句:"你最快什么时候能出发?"尼米兹没有弄明白诺克斯

1941年12月7日，白宫的记者们在抢新闻

的意思，答道："这要看我去什么地方，在那里待多久。"

"去指挥太平洋舰队，要做长期的打算。"

尼米兹完全震惊了。指挥太平洋舰队，这是所有海军将领梦寐以求的。但尼米兹感到有些为难：去年，他因自己资历浅而拒绝担任总司令，如今，又要去担任太平洋舰队总司令，而且是去接替一位与自己交情甚笃的老朋友，这实在让人为难。尼米兹略怔了一下，便做了肯定的答复："好。"

对尼米兹来说，这无疑是受命于危难之时。

当他的飞机在圣诞节的清晨降落在珍珠港时，港湾里一片油

第一章　太平洋战争爆发

"亚利桑那"号战列舰

污，被击沉的战列舰的桅杆露出这片被污染的海面。让尼米兹感到最难以忍受的是一张"亚利桑那"号战列舰浓烟滚滚、前桅倾斜的照片。一颗日本炸弹命中了舰首的一个弹药库，舰上1000多人丧生。3年前，尼米兹任战列舰第1分队司令时，"亚利桑那"号战列舰是他的旗舰。那时"亚利桑那"号战列舰的舰长是尼米兹的老朋友基德上校。珍珠港被袭时，基德已升任战列舰第1分舰队司令，他的旗舰也是"亚利桑那"号战列舰，报告中说当时他正在舰上，在战斗中生死不明。

午饭过后，金梅尔来了。尼米兹被老朋友的神态吓了一跳：只见金梅尔只佩戴了两颗星，以往担任太平洋舰队总司令佩戴四颗星时表现出的傲慢神态已荡然无存，他的脸上只剩下沮丧和无奈。

"真是倒霉，子弹没打死我。"金梅尔见到尼米兹后如是说。原来，12月7日早晨，当金梅尔在怀着恐怖心情目睹他的舰队遭受轰击时，一颗子弹穿透窗户射中了他的胸部。尼米兹十分同情地上前紧紧握住金梅尔的手说："我同情你，这种事发生在任何人身上都是不可避免的。"

尼米兹通过多次会议和对周围气氛的观察，发现珍珠港部队的士气低落，并且有每况愈下的趋势。守备部队和舰艇部队怀着满腔怒火准备进行反击的劲头，由于迟迟不见行动和不断传来的坏消息，尤其是增援威克岛失败的消息，而松懈下来。尼米兹为了重鼓士气，重振军威，他认为正式就任太平洋舰队总司令的事不能再拖了。

1941年12月31日8点,在停靠在潜艇基地码头的"茴鱼"号潜艇甲板上,尼米兹正式就任太平洋舰队总司令。崭新的四星旗在"茴鱼"号潜艇的桅杆上飘扬。在潜艇上就职,这可能是因为尼米兹过去曾经在潜艇上工作过的缘故。

就职典礼结束后,尼米兹走上岸去,对包括金梅尔、派伊和德雷梅尔等高级将领在内的一部分军官讲了话。他讲话的内容简短、富有激情和战斗性,看似演讲的讲话,目的是为了满足一群在场的

从左至右依次为:尼米兹、欧内斯特·约瑟夫·金、斯普鲁恩斯

新闻记者。尼米兹在结束讲话时说:"我们已经受到了一次巨大的打击,但战争最后的结局则是毋庸置疑的。"当一位记者问尼米兹下一步的打算时,尼米兹想了一下,回答说:"枕戈待旦,做好准备,把握时机,争取胜利。"

就职的当天下午,尼米兹把金梅尔、德雷梅尔、派伊的参谋人员召集过来开了一个会。当这些参谋人员汇集在一起时,屋内的气氛相当沉闷,令人感到压抑。珍珠港失利的阴影至今投映在他们中间。

然而出乎大家意料的是,尼米兹面对满脸愁容、心思沉重的各

遭到日本空袭后,珍珠港干船坞附近的船只起火

偷袭珍珠港时的日军"零"式战斗机

位参谋人员说了一番安抚性的话语。他对大家说:"首先,我要对各位说明,我对在座的每一个人都充分信任。我不认为你们对珍珠港事件要负什么责任。作为航行局前任局长,我知道能被选调到太平洋舰队工作的人都是有能力的,我希望同你们一起坚守岗位。你们要继续发挥各自的业务特长,尽忠职守。"他还缓和地对大家说,如果有人希望调离,他愿意个别听取意见,和他们共同商量,尽自己所能让每个人得到最好的发展。最后,尼米兹严肃地说:"对某些关键岗位上的工作人员必须坚决留任,这是没有商量余地的。"他这个简明扼要的讲话，无疑解除了珍珠港军官沉重的精神枷锁。所有人对这位新任太平洋舰队总司令充满了敬意。

虽然也有一些军官要求调离珍珠港，但多数是应轮换到海上任职。尼米兹都一一准许。金梅尔的参谋长史密斯已经够格晋升，一旦新的命令到达，他将被任命为一个重巡洋舰分舰队的司令。尼米兹选定德雷梅尔为他的参谋长；留任金梅尔手下的麦克莫里斯为作战官。金梅尔的情报官莱顿正为他对日军袭击珍珠港缺乏预见，没能及时向上司提出预警而感到深深内疚，不仅他没想到，甚至参加会议的其他人员也绝无一人想到，尼米兹会决定留下他。这使莱顿成为在第二次世界大战中，除尼米兹以外，唯一自始至终在太平洋舰队司令部工作的军官。

尼米兹知道，金梅尔只能暂时对他的工作给予指导和帮助，精神苦闷的金梅尔在向调查委员会作证结束后，就将离开珍珠港。他向上级报告，请求暂时挽留派伊作为他的非正式顾问，上司批准了。

在美国人看来，几乎是噩耗频传，祸不单行。在珍珠港被袭前几小时，曾在中国台湾和中南半岛外海被发现的日本远征军已经开始在马来半岛的新加坡和哥达巴鲁登陆了。在新加坡登陆的日军没有遭到多少抵抗。12月10日，前去抗击登陆的"反击"号战列巡洋舰和"威尔士亲王"号战列舰双双被日军飞机击沉——它们是第一批在航行中被飞机击沉的盟国军舰。

第一章 太平洋战争爆发

正在下沉的"威尔士亲王"号战列舰

到1942年1月，日军已经侵占了泰国、菲律宾和婆罗洲。他们还夺取了中国香港和关岛。威克岛上的海军陆战队打退了日军第一次入侵，但是，在南云忠一机动编队的两艘航空母舰舰载机的支援下，日军第二次进攻成功了。从马绍尔群岛开始，日军已经攻入了英属吉尔伯特群岛。

日军的进攻引起了恐慌，人们担心日军打算继续挺进，占领埃利斯群岛和萨摩亚群岛，进而封锁美国与澳大利亚的海上交通线。

尼米兹做了大量的调查研究。据此，他断定：到海上去指挥他的舰队是不切实际的。为了同复杂的美国通信网络保持联系，他只

一手拿枪一手拿话筒是情报人员在战争期间最平常的工作状态

战前美国海军太平洋舰队

有在珍珠港的司令部里坐镇。在所有的设施中,他参观的是设在地下的绝密战斗情报单位,这里的负责人是罗彻福特。借助于一大排弧形的无线电侦听台和测向台,在太平洋地区和华盛顿保密单位的通信网中有3个这样的单位从事分析敌人通信情报的工作,珍珠港的情报单位正在截获和破译日本海军的作战密码。这就是美国人所说的"JN25"。

尼米兹很礼貌地听罗彻福特讲解他的岗位的作用,但却没有表态,这个单位及其所属的无线电台毕竟没有对即将遭到袭击的珍珠港提供警报!

就在尼米兹就职太平洋舰队不久后,欧内斯特·约瑟夫·金做了尼米兹的顶头上司——美国舰队总司令。金的部下曾如此描写这位美国舰队新总司令："消瘦而严峻的高个子，高额头，鹰钩鼻，目光炯炯，下颚厚实。虽然他没有古老骑士般梦幻，但看起来有点像堂吉诃德。他是一个傲慢的极端现实主义者，他是个严于律人也严于律己的上司。他极少露出笑容，既没有时间，也不喜欢同别人开玩笑；他受人尊敬，但不被人喜爱，对此，他却觉得正合心意。"

金对做事缺乏效率和懒散作风十分反感。他讨厌不诚实和虚荣，看不起唯唯诺诺的人，对懒散的人也相当不讲情面。

珍珠港事件之后，金认为美国舰队总司令的简称已经成为人们的笑柄，再继续延用，是对他的污辱，所以，决定改用全称的缩写。战争爆发后，罗斯福总统和诺克斯部长已明确地指出：新设的美国舰队总司令的职责与平时由各舰队司令轮流兼任时的旧的总司令是完全不同的。作为新的美国舰队总司令，要统管美国海军并直接对总统负责。

金很高兴，决心找日本人狠狠打一场。然而，他却很快地使海军作战部长被架空了，海军作战部长几乎无所事事。罗斯福知道这一问题后，果断地打破了这个让人尴尬的局面。他任命金为海军作战部长兼美国舰队总司令，原部长则被调往伦敦任美国驻欧洲海军总司令。

★美国海军司令——欧内斯特·约瑟夫·金

欧内斯特·约瑟夫·金是第二次世界大战中坚持太平洋第一

第一章 太平洋战争爆发

欧内斯特·约瑟夫·金（左）

的美国海军总司令。军队里边流传一句俏皮话，说欧内斯特·约瑟夫·金"用一管喷火器剃胡子"。

他是一名海军航空兵老将，生平勋绩不可胜数，包括把一艘在公海沉没的潜艇升上水面。他本来已经被安顿在军务会议里面终养天年，那是一个专门收容一些无处安排的海军老将的顾问小组，因珍珠港事件后又得到重任。金生性冷酷，因做事不讲情面而不得人心。自尊心被他损伤的，前程毁在他手里的，都大有人在。

罗斯福任命他为美国海军总司令时，他曾有过这样的话："等到大事不妙，他们就会找老子来做事。"海军中有一句对他半开玩笑半认真的评语，原话出自他的女儿："金上将是海军中最冷静的人，因为他几乎把全部时间都用在了生气上——他没有时间去紧张。"他的部下们则说："金上将从来不说自己是上帝，但是上帝说过自己是金上将。"这也为他赢得了"全能的上帝"的美称。

3. 新司令的风格

金不仅当上了海军首脑，还成为美国参谋长联席会议的一名成员，该参谋长联席会议还包括陆军参谋长乔治·马歇尔、陆军航空兵参谋长亨利·阿诺德以及后来增加的总统参谋长威廉·D·莱希。由美国参谋长联席会议和英国参谋长会议联合召开会议时，组成高级行政机构——参谋长联合指挥部，负责盟军的作战指挥工作。参谋长联合指挥部把太平洋战区的大部分作战指挥任务，委托给美国参谋长联席会议，而美国参谋长联席会议是很重视金意见的。

实际上，太平洋战争的战略主要

马歇尔

视察中的欧内斯特·约瑟夫·金(中)

是由金和尼米兹制订的。他们虽然在地理位置上相隔很远,但彼此配合甚为密切。他们通过每天多次的电报往来、写信和人员来往保持经常联系,相互交换意见。此外,金从华盛顿,尼米兹从太平洋舰队司令部,定期飞往旧金山,在联邦大厦会晤。干脆和直截了当是金和尼米兹共同的性格特点。他们禀性聪慧,为人正直,处事果断精明,讨厌拖拉作风,是天生的战略家和组织者。他们的不同之处主要在于对人的态度,金缺乏尼米兹那种对人的同情。金在战时的一位同事说过:"伟人都有自己看不到的弱点。金的弱点是在人事方面。"金极力把他喜欢的人调到自己手下,而把他不喜欢的人调走，但结果并不都理想。他用错人的例子不胜枚举。不过幸运的是，金与尼米兹合作一直都很愉快。

尼米兹到达珍珠港后不久，就要求他的部属做任何事都要经过认真思考再行动。在他办公室的大门上端，贴着一张"国家和人一样，预则立，不预则废"的格言。屋子里的墙上挂着一块告示牌，要求部属在提建议时要首先考虑下面三个问题：

一、建议是否可行？

二、建议行不通会出现什么后果？

三、建议是否在物资和供应允许的范围之内？

在尼米兹办公桌的玻璃板下，还压着几张军事术语的卡片，位于中间的一张小卡片上写着："作战目标，进攻战，突然袭击，接敌点要有优势兵力，简要，安全，运动，节省力量，协同配合。"有的人说它是"战争的原则"，但尼米兹则认为，这只不过是他的备忘录，用以检查进攻前的准备工作。它涉及明确作战对象、各部队之间的协同配合等问题。部队间的协同配合，在由他和麦克阿瑟的两个司令部指挥一个战场的情况下显得特别重要。

尼米兹每天吃完早饭有散步的习惯，通常散步到7点半，准时到办公室阅览夜间收到的电报。只要是送给他审阅的或参谋人员认为应该交给他，或猜想他可能想看的文电上，都标上太平洋舰队总司令的代号"00"。他无论是亲自动手或指导参谋人员批复文电，都很及时。简短的由他自己动手，长一点的则由他的快手快脚的文

第一章 太平洋战争爆发

"亚利桑那"号战列舰,在日军的空袭中被炸沉在珍珠港内

书、速记获奖者亚当斯代笔。亚当斯过去当过法庭书记，算得上是太平洋地区最优秀的文书。

清晨，参谋人员向尼米兹汇报需要他马上审批的报告，并提出需要他答复的问题。舰队情报官莱顿通常要汇报非常机密或非常紧急的情报。

尼米兹每天的工作都有固定的秩序，他于7点半批阅文件，9点半开碰头会，人数多就在司令部会议室，人数不多就在办公室里开。在尼米兹的办公室里，一直都放着几把备用的折叠椅，他经常邀请临时来访或住在瓦胡岛上的高级军官参加会议。埃蒙斯经常来

参加联席会议的切斯特·威廉·尼米兹（中）

参加会议，后来调往太平洋任第14军区司令的戈姆利因成为太平洋舰队的近邻，也时常出席会议。一般的会议只是互通情况，先由莱顿汇报敌情，再由战区作战官做报告，然后，尼米兹引导大家讨论一下，气氛通常比较随便。

上午10点，尼米兹要休息活动一会儿。他有时独自一人，有时同参谋拉马尔或其他军官一起去手枪射击场射击，然后回办公室。上午11点，这位太平洋舰队总司令开始接待来访者。不论来访者是上级还是下属，他都十分重视。他常说："有些良策就是下级军官和士兵提出的，对我帮助很大。"有一天，尼米兹发现来访的人忽然少了。于是，他提出："按照《海军条令》的规定，我想见见参与指挥工作的各位舰长。"因此，他的副官用电话通知停泊在基地的各级指挥官，做好必要的安排。规定所有舰艇的指挥官，从坦克登陆舰的中尉级舰长到新战列舰的上校级舰长，在抵达珍珠港后于11点钟报到，逗留15分钟。

11点整，拉马尔按尼米兹的指示把要请的来访者领到尼米兹的办公室。军官们一一做了自我介绍。尼米兹一面同他们握手，一面微笑着回答："看到你们很高兴。"然后，请大家坐下。尼米兹首先对这些军官讲一讲他正在进行的工作和下一步的计划。这些军官对于高级指挥官同他们面对面地谈论有关战略、部署的问题感到非常高兴。他们听得很认真，个个精神振奋。尼米兹讲完之后，就询问各位军官："你们现在正在干些什么？"

在听取汇报时，他还不时根据自己的需要提出一些问题。看到哪位军官提出一些问题或困难，便主动了解需要怎样才能帮助他们解决这些问题。这样许多问题能当场得以解决。规定时间一到，他就站起来走到门口，大家熟知将军是严守时间的人，便站起身，排成队，一一与将军握手告别。

总司令每天上午接见来访者，可以使他及时了解前线情况，也可以发现人才。有时，当一位军官告别走出门外后，尼米兹会对拉马尔说："这是我们要注意的一个军官，他将成为一个优秀的指挥官。"

有位参谋人员曾回忆说："将军每日接待来访，是了解部署的一个机会。对部署来说，也可以使他们知道舰队总司令同他们是一致的，这无疑是鼓舞士气的一个重要因素。"尼米兹可以接待下属军官和士兵的消息传遍了全舰队和所有场站，大家都了解他们的顶头上司关心他们，愿意同他们打成一片。有些人即使没什么公事，也想通过拉马尔见见尼米兹。有这样一件事：

"企业"号航空母舰上的一个水兵，跑到太平洋舰队司令部来向总司令表示"敬意"，陆战队卫兵把这件事向拉马尔做了报告。那天早上，尼米兹似乎有些不愉快，有很多事也都不顺利。拉马尔认为这件事可能会使他高兴起来，就进去告诉他有位年轻人在外边等着见他。尼米兹说："叫他进来。"

那个水兵见到尼米兹后，突然情不自禁地痛哭起来。原来他曾

第二次世界大战时期的美国海军肩章全部由金属丝线制成，尤其是那颗五角星是手工编制的

同舰上的水兵们打赌，说他能见到总司令。他们认为，他肯定见不到；如果能见到，就输给他几百块钱。"好，"尼米兹说，"为了拿到这笔钱，你还得有点证据才行。"于是，他打电话把拉马尔叫来说："让参谋部的摄影人员到这里来。"尼米兹同年轻的水兵一起照了相，并送了几张给他，让他带回去作为他赌赢的证据。

还有一个关于"肖"号驱逐舰雷达兵麦凯莱布的故事。在"肖"号驱逐舰停泊在珍珠港检修期间，舰上的水兵都分批回大陆休假，麦凯莱布回到了得克萨斯州克维尔老家。他在他姑母家里，遇见了尼米兹同母异父的妹妹多拉。当多拉得知麦凯莱布是从珍珠港回来的时候，就问他："麦凯莱布，你见过尼米兹没有？"

"没有，夫人。"麦凯莱布回答说。他第一次听到有人叫总司令的名字感到有些吃惊，而对一个士官能见到四星上将的事更是想都不敢去想。

"哎呀！"多拉说，"你在太平洋那里工作了一年多，还没见到他！太可怕了！你回到舰上的时候，我要你去看看他。我写信告诉他接待你。"

"弗莱彻"级驱逐舰"肖"号

麦凯莱布回到珍珠港后,及时给太平洋舰队总司令写了一封信。他对舰长如实做了汇报,说:"你看,这是她让我干的,我就得写这封信。我真为难,不知道该怎么办才好。"

舰长同意发出这封信。过了几天,麦凯莱布收到了复信,说尼米兹愿意在3天后的上午10点钟见他。"肖"号驱逐舰的副舰长为了体面地把雷达兵送去见尼米兹,借来了一部小车。当麦凯莱布走过舷梯的时候,舰上的伙伴自发地在舷侧列队欢送他。麦凯莱布对伙伴们说:"好啦,伙伴们,这次去也许我至少会打听到'肖'号驱逐舰检修以后开到何处去?"

到太平洋舰队司令部后,麦凯莱布马上受到总司令的接见。尼米兹将军热情地同他握手、交谈。

尼米兹在吃午饭的时候往往还得继续开会。为了不再增加体重,在不陪客人或不开会时他中午经常不吃饭,而去休息、散步或晒太阳。

下午一般不做固定安排,而尼米兹仍有许多事要干,通常要同参谋人员和将要参战的有关军官开会,研究作战计划。尼米兹对制订计划从来都是一丝不苟、绝不马虎,对计划中的每个细节都要一一询问,特别是对两栖作战部分,有时把计划退回去要求重新修改。

这样的作战计划会议,一般都由尼米兹亲自主持。他不但自己发表意见,也听取别人的意见,有时看法不一致,他总是先听取别人的意见，仔细权衡利弊，然后再做出最后决定。他认为，第二次世界大战的情况非常复杂，战场上任何一个指挥者都不可能不同别人商量就能做出远见卓识的决定。

下午若有空，尼米兹还要到机关参谋人员那里去遛遛，了解工作情况，给他们提一些建议，或去观看海军和陆战队的操练。如是正式视察，他乘坐挂将旗的黑色大"别克"轿车，若是随便看看，就坐由拉马尔驾驶的无标志小车。尼米兹不但对时间是严格遵守，对各种规章制度，他也是严格执行。有一次，他穿着全套军礼服，乘坐挂着四星将旗、由专职司机开的那辆黑色大"别克"轿车来到檀香山巴拉塔尼亚街。在路上碰到一队约百名水兵，没有一个人向他敬礼，这使尼米兹很恼火。他回到珍珠港，马上找来了那个管区的戈姆利。他建议戈姆利派军官进城去，把所有不敬礼的士兵用大轿车统统拉回来，没收他们的外出证，让他们归队。减少几天外出时间的处分并不重，但却收到了奇效。几天以后，这件事传遍了各地，敬礼的习惯又重新形成了。

★切斯特·威廉·尼米兹

尼米兹是美国海军五星上将，第二次世界大战太平洋战争期间担任美国太平洋舰队总司令及太平洋战区盟军总司令，指挥美军及盟军对抗日军进攻及其后反攻。1945年9月2日代表美国在日本投降书上签字。

尼米兹早年考入安纳波利斯的美国海军学院，毕业后到海军中任职，先后出任"潜水者"号潜艇、"甲鱼"号潜艇、"独角鲸"号潜艇等潜艇的舰长。1922年，尼米兹进入海军军事学院深造。在听课和演习之外，接受了以航空母舰为中心的环形编队思想。尼米兹认为，这次深造比其他任何经历都重要，为他后来在战时担负指挥工作奠定了基础。1929年6月，尼米兹改任第20潜艇分遣队司令。1938年6月，晋升为海军少将。珍珠港事变后，根据罗斯福的指示，尼米兹晋升为海军上将，赴珍珠港接替金梅尔出任美国太平洋舰队总司令。

为了重建太平洋舰队并战胜日本海军，尼米兹并未急于惩处失职人员，而是选拔重用英勇善战的军官，重建指挥系统以协调太平洋战区的海陆空三军力量，承接调拨给战区的人员、武器和补给物资，他参与华盛顿的最后决策以制订横跨太平洋而战胜日本的战略计划，并亲自筹划切实可行的作战行动。

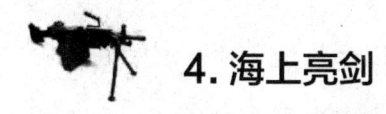

4. 海上亮剑

一天晚上，尼米兹和拉马尔从檀香山赴宴归来，尼米兹看见一个喝醉酒的水兵站在路旁招手要搭车。尼米兹让司机停车，让坐在后排的勤务兵把那个水兵叫上车来。那个水兵是海军营建大队队员，感激地爬进了汽车。由于所有建筑物都已灯火管制，路上又没灯，只有车头两边有两只小灯，所以那个水兵根本不知道坐在谁的车上。

在尼米兹的询问下，那个营建大队队员发泄了他对军队生活的满腹牢骚，说他们那里营房肮脏，管理不善，伙食恶劣，大队长全靠严格的纪律管理部队，一点也不关心士兵的生活。尼米兹让他在他的营房门口附近下了车。他根本没有意识到向谁报告了情况，摇摇晃晃地走开了。

第二天早晨，尼米兹告诉拉马尔他要在上午11点去海军营建大队视察。上午10点，拉马尔打电话通知了那里的负责军官，没有给队里更多时间进行准备，这正是尼米兹的意思。他准时到达海军营建大队，发现那里的情况同那个喝醉酒的水兵谈的一样：肮脏、混乱，士兵情绪低落，伙食很差。尼米兹对那个队长很不满意，表示要给他适当的纪律处分。

太平洋舰队司令部参谋人员每周除了工作日之外，晚上常常还要加班。尼米兹喜欢使用勤勉又精干的参谋班子。他要求参谋人员要会办事，身体健康，必要时要能夜以继日地工作。尼米兹在工作中加班加点和刻苦的精神，能和他的参谋人员中的任何一个人相比，但他从不把自己陷进琐碎的工作中去。别人做得了的事，他就不去插手。他只把精力用在一个总司令应该承担的有关决策、礼仪和社交的活动上。他通常也委派一些他信得过的部属，代表他去执行任务。如果他们表示做不了，对年长资深的军官尼米兹就采取宽容态度，不要他去做；对年轻人他会严格一些，给他们施加点压力，他会告诉他们："年轻人，你要是完不成任务，我就撤你的职。"

尼米兹同自己的参谋斯普鲁恩斯的思想，尤其是在战略问题上的主张大体一致；但他们的个性却迥然不同。斯普鲁恩斯热情却不随和，有的下级军官认为他"老绷着脸"。有人回忆说："尼米兹比较随和，和蔼可亲，有点守旧。斯普鲁恩斯精干、刻板，实事求是，总是一本正经。"尽管如此，斯普鲁恩斯同尼米兹关系密切，每晚都在一起活动，这似乎对他当参谋长很有好处。不知是不是受尼米兹潜移默化的影响，斯普鲁恩斯后来与他人相处时也变得不那么严肃和一本正经了。

斯普鲁恩斯在珍珠港的工作职责有两项，一是主持太平洋舰队参谋部的工作，二是给尼米兹当参谋。斯普鲁恩斯最先向尼米兹提出建议，由后备飞行员替换前线飞行员，使飞行中队在战斗中有休整时间，使所有的飞行员都能保持充沛的精力，有信心、有体力去投入新的战斗。在主持参谋部的工作中，他不像有些参谋长那样，虽然能干却很暴躁，他是一个精明过人、又从不暴跳如雷的人。尼米兹交给斯普鲁恩斯的具体工作，他马上交给手下人去办。他和尼米兹一样，有组织能力，尽可能把自己置身于参谋人员之外，善于识人、用人，发挥人的才能。

斯普鲁恩斯是尼米兹最重要的智囊，也是尼米兹的代言人。他

经典 百年海战大观 珊瑚海海战

美国航空母舰舰载机飞行员

能把错综复杂的战略计划讲得头头是道，他反感冗长烦琐的文字报告，尽量把这类事情交给别人去完成。

尼米兹每星期天10点都要回到马卡拉帕办公室，因为他要在那里收听1小时旧金山播放的古典音乐。尼米兹认为这一周哪些军官使他感到特别满意，他就会利用内部通讯系统的设备把音乐送到谁的房间去，而因为他耳朵有些聋，音乐声音也放得非常大。一次，一位新上任不久的军官在房间里，突然被震耳欲聋的音乐声惊呆了，他向拉马尔询问。拉马尔对他说："这是尼米兹将军请你欣赏星期天音乐会，实际上是在向你问好。"

太平洋舰队因为有了尼米兹而士气迅速回升，金建议尼米兹向日军占领的中太平洋岛屿和吉尔伯特群岛发起攻击，主要力量是3支航空母舰特混舰队：由费尔法克斯·利里指挥的"萨拉托加"号航空母舰编队（第14特混舰队）、由威尔逊·布朗指挥的"列克星敦"号航空母舰编队（第11特混舰队）和由威廉·哈尔西指挥的"企业"号航空母舰编队（第16特混舰队）。不久，由弗兰克·弗莱彻指挥的"约克城"号航空母舰编队（第17特混舰队）也将投入战斗。

航空母舰部队进攻这些岛屿，可能牵制日军对爪哇和新加坡的进攻，至少可以打乱其向东、向东南方面进犯的计划。即使这次攻击中取得小小的胜利，都可以大大地恢复美国的民心士气。实际上，尼米兹将军在正式就任太平洋舰队总司令之前，就要求作战参

经典 百年海战大观 珊瑚海海战

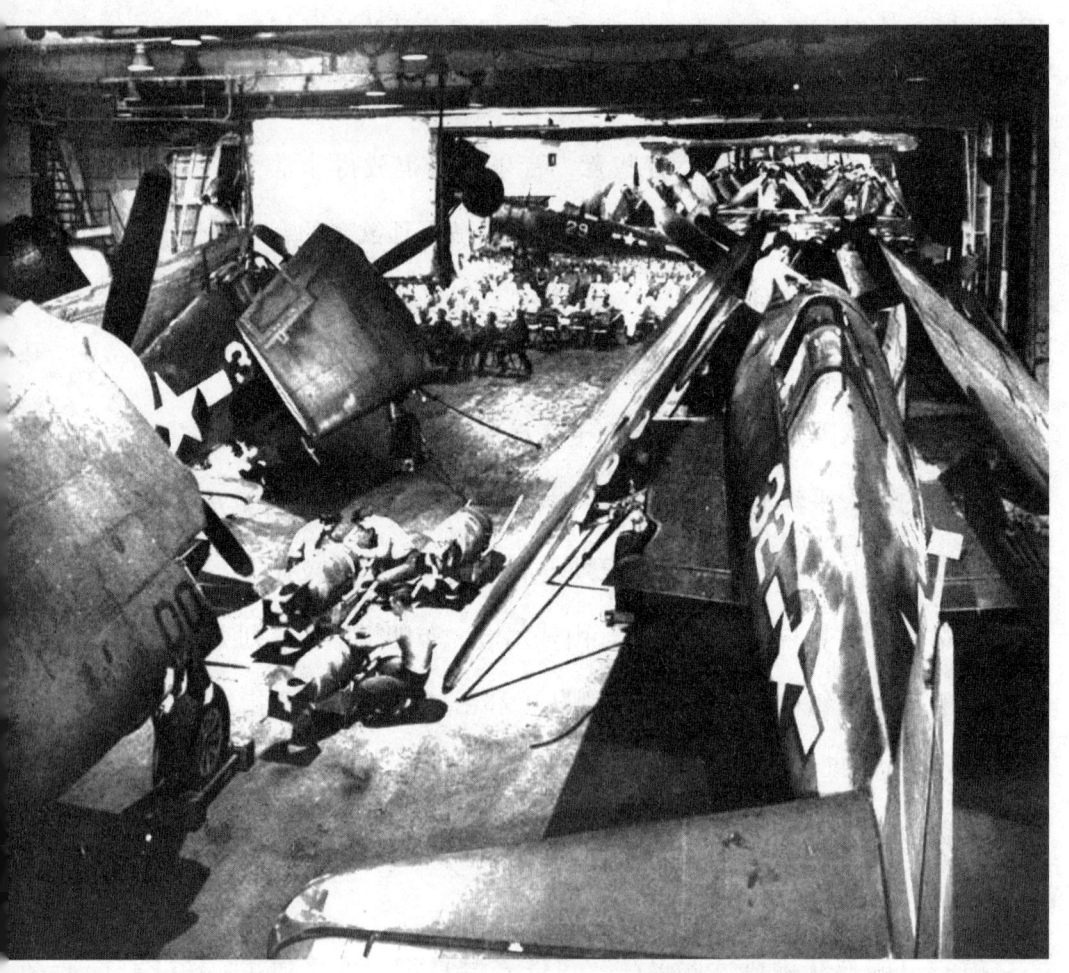

"约克城"号航空母舰上的军械师在机库为飞机加装炸弹

谋为反攻做好准备了。珍珠港已经开始行动，全部轻型船只，包括从航空母舰护航部队抽调出来的舰只，都用来保卫美国至夏威夷之间的海上运输队。在帕尔米拉和约翰斯顿岛上修建了空军基地，用来保卫从夏威夷往南去的船队。美国潜艇也开始前往马绍尔群岛和威克岛进行侦察。

1942年1月2日，参谋部向尼米兹提出航空母舰袭击吉尔伯特群岛和马绍尔群岛的方案。1月8日，派伊对方案做了修改。他建议从珍珠港增派航空母舰部队，支援"约克城"号航空母舰完成掩护登陆的任务。两支航空母舰编队同时向马绍尔和吉尔伯特群岛挺进，迎战敌军。假若没有同敌舰遭遇，这两支美国特混舰队应向吉尔伯特和马绍尔群岛发起攻击。同时，第3支美国航空母舰编队袭击威克岛机场，以阻止敌机支援马绍尔群岛；第4支航空母舰编队将留在夏威夷附近保卫珍珠港。

尼米兹同意袭击敌军基地，是经过预先仔细研究和讨论的。他习惯于在制订作战方案时，请该地区有关的高级军官参加讨论，在做出决定前耐心听取他们的意见和建议。在参加讨论会的人员中，雷蒙德·斯普鲁恩斯十分赞同尼米兹在指挥上提出的创见和方法。

多数军官反对派航空母舰编队袭击敌军陆上基地。他们认为，以往一些攻击固然都是靠突然袭击取胜，而对日军突然袭击的可能性不大。日军凭自己在珍珠港取得胜利的经验，提高了防止航空母舰攻击的警惕。他们一定能猜想到，如果美国太平洋舰队要反攻，必然要使用航空母舰，临近珍珠港的吉尔伯特群岛、马绍尔群岛和威克岛将首当其冲。

激烈反对袭击的是管辖包括珍珠港在内的海军第14军区司令克劳德·布洛克。两年前，布洛克曾任驻珍珠港美国海军舰队总司令。他的资历比尼米兹深。布洛克认为自己曾经看到一个年轻将军金梅尔越过许多老资格当上了太平洋舰队总司令，把太平洋舰队的战列舰丢掉了。如果他现在坐视尼米兹把太平洋舰队的航空母舰丢掉，是要受到指责的。航空母舰是国家最后的机动防御力量，把它们丢失，日军就可以在太平洋为所欲为、恣意横行了。

出于这种责任，布洛克不论在会上还是在私下，都要把他的看法强加给尼米兹。他简直像长辈一样手把手教尼米兹如何打仗。尼米兹则认为，他无须别人指教，自己完全能胜任工作。但多数航空兵军官同意布洛克的意见，而尼米兹本人不是飞行员出身，也没有指挥过航空母舰。这些都不利于他坚持己见。

1月7日星期三，"企业"号航空母舰编队从海上巡逻回到珍珠港。爱发脾气的司令哈尔西上了岸。当天他就闯进太平洋舰队司令部的会议室里慷慨陈词，大骂他所发现的失败主义情绪，他全力支持总司令袭击日军的方案。此举博得了尼米兹长期的钟爱，因为哈尔西是海军中将，是航空兵、战斗部队的司令，受到所有人员的爱戴和尊敬。所以，他的话很有分量。在以后哈尔西受到批评时，尼米兹每想到这个困难时期，就不愿参加对哈尔西的非难。他说："哈尔西曾经站出来支持我,并且挺身而出指挥战斗,我绝不能参与任何有损他声誉的事。"

1月10日,哈尔西应召去太平洋舰队司令部报到。他和尼米兹都爱讲故事,以往他们在谈话前通常要讲上一两个故事。可是,这一次都没有这种兴致了。尼米兹一本正经地告诉哈尔西,他准备实施派伊的方案,调"企业"号航空母舰编队会同"约克城"号航空母舰编队掩护陆战队在萨摩亚登陆。两支航空母舰编队在哈尔西的全面指挥下,将开始对吉尔伯特群岛和马绍尔群岛攻击。

"这么做怎么样?这可是一个难得的机会。"

一架"海盗"式战斗机正被"企业"号航空母舰的升降机吊上甲板

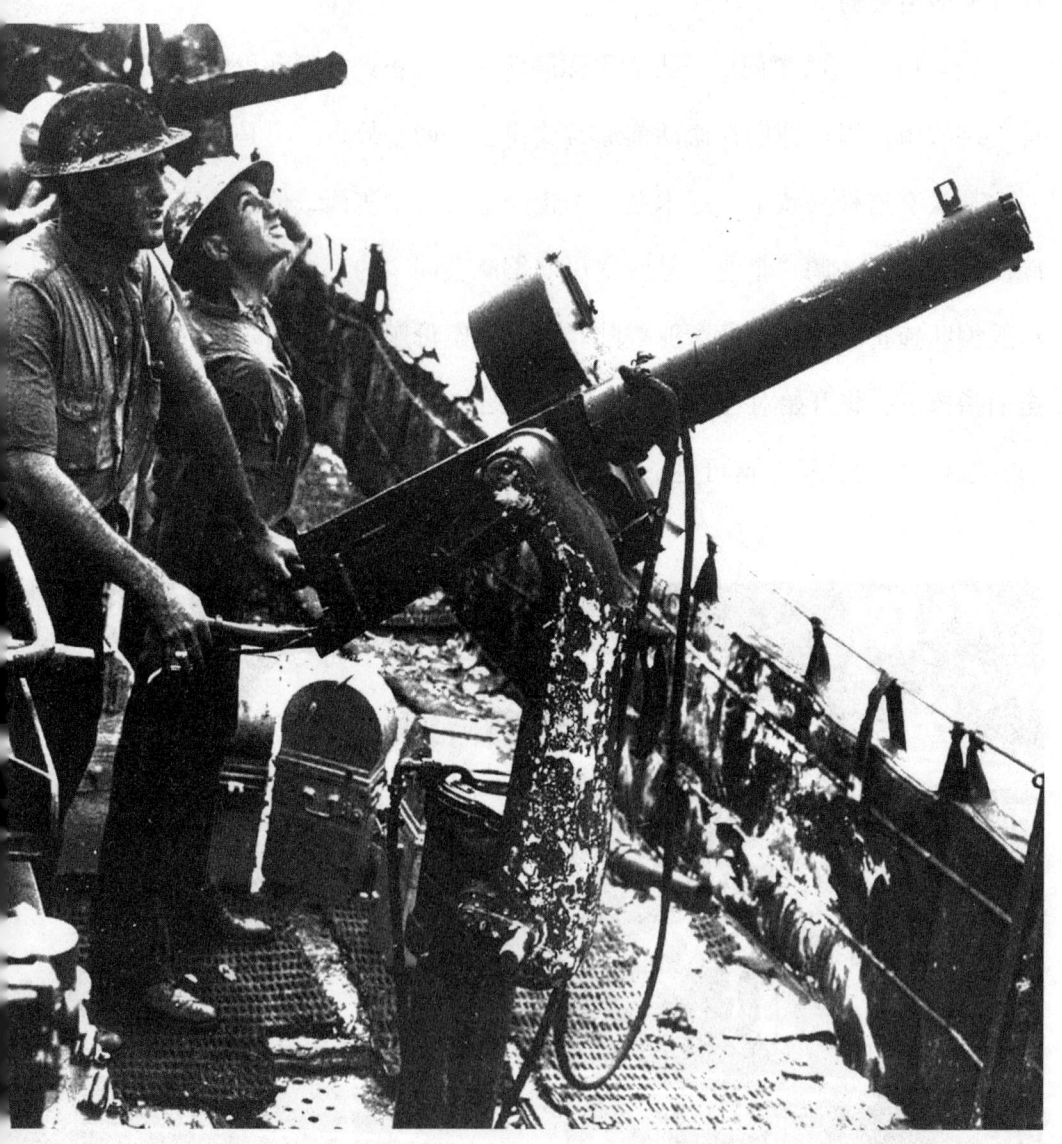

"约克城"号航空母舰上的高射机枪手

哈尔西表示同意，认为现在大政方针已定，他应该好好考虑一下。他完全知道如果这次行动失败，会给国家造成什么样的后果。第2天，他到司令部听取最后一次指示，并表示"希望能凯旋相见"。尼米兹把他一直送到码头上，当把哈尔西送上交通艇时，他说："祝你万事如意。"

1月11日星期天一早，哈尔西乘"企业"号航空母舰，由3艘重巡洋舰、6艘驱逐舰护航，并带着1艘油船离开了珍珠港。留下保卫夏威夷群岛的，只有"萨拉托加"号航空母舰编队和"列克星敦"号航空母舰编队；后者还肩负着攻击威克岛的任务。根据空中情报，日军袭击珍珠港的那6艘航空母舰已于1月6日离开日本，可能驶向中途岛、珍珠港、马绍尔群岛或萨摩亚。岸上和海上了解情况的军官都为之担忧。

哈尔西按计划于1月20日到萨摩亚外围巡航，并等待因途中加油而意外耽搁的、由弗莱彻指挥的"约克城"号航空母舰编队。该舰队于24日到达后，舰上的海军陆战队员才开始登陆。

1月25日，海军陆战队全部登上萨摩亚岛，"企业"号航空母舰编队和"约克城"号航空母舰编队开始向吉尔伯特群岛和马绍尔群岛进发。发起攻击之前，他们为了不暴露自己，采取了无线电静默，但尼米兹仍能通过电台同他们保持联系。他通报哈尔西和弗莱彻说，情况比原先设想的要好，正在进行侦察的潜艇发现马绍尔群岛的防御并不像所担心的那样完备坚固。更主要的是，日军的航空母舰没有驶向那里，它们正忙于南下支援日军在新不列颠岛登陆，以占领拉包尔港。

"企业"号航空母舰编队和"约克城"号航空母舰编队于1月31日拂晓开始发起攻击。当天下午，哈尔西和弗莱彻之间的来往电报作为第一份战报，抄送太平洋舰队总司令发到珍珠港。哈尔西给太平洋舰队总司令的初步报告是在晚间才送到珍珠港的。

★威廉·弗雷德里克·哈尔西

哈尔西是美国海军五星上将，曾任航空母舰特混舰队司令、南太平洋战区最高司令和第3舰队司令。因作风勇猛而获绰号"公牛"，因为人随和而被称为"水兵的海军上将"。他生于1883年，父亲是海军军官。第一次世界大战前，哈尔西受命指挥"弗鲁塞"号驱逐舰。恰巧后来的美国总统富兰克林·罗斯福也在这艘军舰上从事海域测量工作，两人结下了不同寻常的友谊。

1941年11月28日，哈尔西率以"企业"号航空母舰为主的第8特混舰队为威克岛运送海军陆战队飞机。

哈尔西

按计划应在 12 月 7 日前返回珍珠港，但因为突遇狂风，延误了一天，哈尔西和"企业"号航空母舰就此逃过一劫。得到珍珠港遭偷袭的消息后，哈尔西奉命劫击日本攻击舰队，但大战刚爆发造成的混乱、一系列似是而非的情报使哈尔西的舰队向珍珠港以西追击，这无疑又挽救了哈尔西和"企业"号航空母舰，因为若与珍珠港以北的日本攻击舰队相遇，哈尔西必死无疑。

太平洋战争初期，尼米兹出任太平洋舰队总司令后提出的积极防御、主动出击的作战方针，得到哈尔西的坚决支持。1942 年 1 月底，哈尔西率"企业"号航空母舰、"约克城"号航空母舰特混舰队先后对日军占领的马绍尔群岛、吉尔伯特群岛实施了战术突袭，为美军太平洋战争初期的整体溃败取得了一点点战略平衡。

第二章
进攻是最好的防御

★ 在盟军战局恶化的情况下，金要求尼米兹动用包括驻扎在西海岸的6艘战列舰在内的一切可动用部队，牵制敌人进攻，增援西南战区。

★ 日本人原想留在他们的环形防御圈里，准备击沉突破防御圈的美国军舰，直到美国人愿意谈判为止。但是，他们在南太平洋的胜利比计划的大大地提前了。

★ "让杜立特上校和勇敢的中队起飞吧。一路平安，上帝保佑你们。"哈尔西向"大黄蜂"号航空母舰发出信号。

★ 通过有根据的猜测来填补情报，拼凑当中缺少的部分，以及通过破译密码来做出这样的解释的过程中，约瑟夫·罗彻福特起着主导作用。

1. "哈尔西公牛"反击

这次袭击,哈尔西的战果是:日军 2 艘运输舰和 2 艘小型舰艇被击沉,还有 8 艘舰只被炸伤,少数几架飞机被击落,岸上的一些设施被炸。斯普鲁恩斯指挥的"诺思安普敦"号重巡洋舰和"盐湖城"号重巡洋舰对马绍尔群岛中防御最强的沃特吉岛袭击。美方损失 13 架飞机,"切斯特"号重巡洋舰被击中,"企业"号受轻伤。

这次袭击给日军造成的损失虽然不大,但对于重振美国的民心士气却起到了意想不到的效果。国家遭受失败的心理状态,终于被"我们到底干起来了!"的情绪所代替。

舰载机正准备从"企业"号航空母舰上起飞

第二章 进攻是最好的防御

2月5日,"企业"号航空母舰编队悬挂表示胜利的旗帜回到珍珠港。港内舰上汽笛齐鸣。舰上人员大声喊叫,士兵、水手和船坞民工排在岸上欢呼。军舰停靠码头时,尼米兹没等放下舷梯就坐上工作吊板登上军舰。他紧握着哈尔西的手高呼:"干得好!"

尼米兹把喜气洋洋的哈尔西推到记者面前,自己退到后面。哈尔西相貌堂堂,一表人才,而且和蔼可亲,平易近人,脸上总是挂着一丝微笑。但在摄影记者拍照时,他却喜欢露出一副大家常常可以看到的苦相。他为了应付记者,准备了一些可以发表的、能说明他打算如何对付敌人的想法。在谈话中,他用语尖锐、泼辣,饶有风趣,给大家留下深刻的印象。他从小就像多数调皮的孩子一样喜欢闹事。

在记者看来,哈尔西好像天生就是一个能成为民族英雄的可爱的人。报界立即把他神化为对付日本人的克星,一个半传奇式的人物,给他取名为"哈尔西公牛"。

哈尔西袭击马绍尔群岛后第3天,日军从南部西里伯斯机场起飞的轰炸机炸毁了美国、荷兰、英国和澳大利亚4国联合司令部的一艘美国巡洋舰,另有1艘重伤,陷于瘫痪。在菲律宾群岛,日军继续把美国和菲律宾部队压到了巴丹半岛和科雷希多岛附近,并加紧对仰光、新加坡、东印度群岛连续攻击。

据情报报告,日军还打算攫取新喀里多尼亚。新喀里多尼亚位于美国和澳大利亚之间。由于澳大利亚没有力量进行防卫,因此,

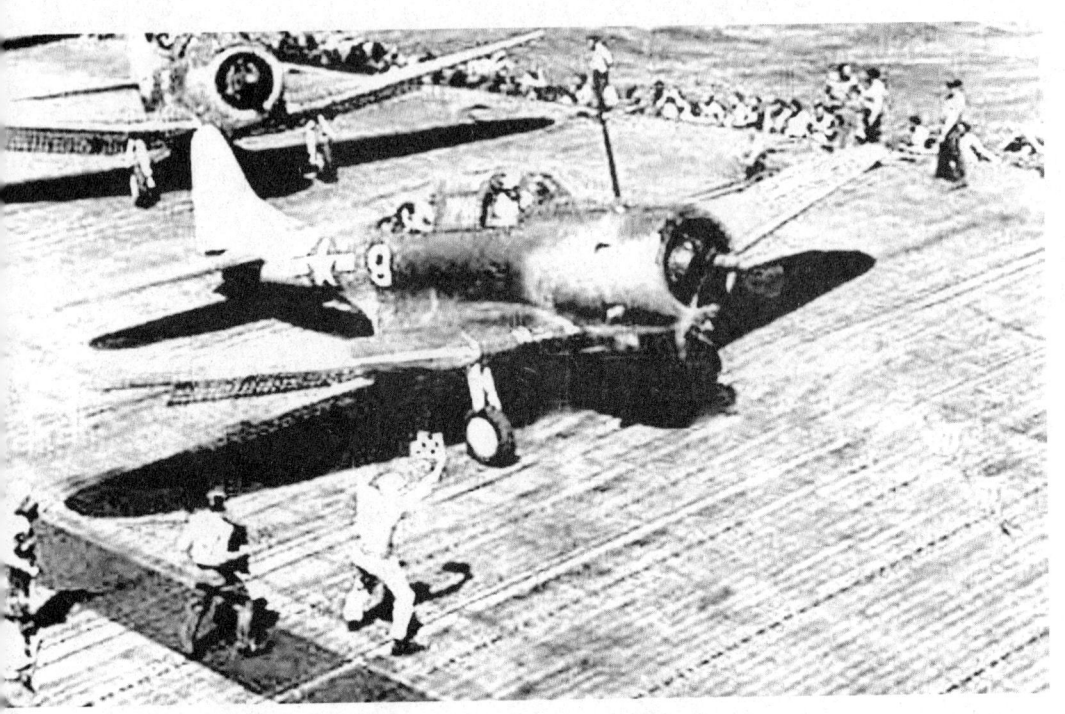

"列克星敦"号上一架俯冲轰炸机准备起飞

美国参谋长联席会议紧急派出 2 万名美军增援太平洋战场,其中有大部分兵力担负新喀里多尼亚的防务。

尼米兹接到命令,把"列克星敦"号航空母舰编队调往前线。他把能调动的海军巡逻机和陆军轰炸机、1 艘重巡洋舰和 2 艘驱逐舰都派到新喀里多尼亚,并同澳大利亚的巡洋舰和小型护卫舰一起,组成这一防区的进攻部队。

在盟军战局恶化的情况下,金要求尼米兹动用包括驻扎在西海岸的 6 艘战列舰在内的一切可动用部队,牵制敌人进攻,增援西南战区,并一连发了 3 份电令,要求部队"马上采取行动,制止敌人进攻"。

尼米兹同他的参谋人员认真地进行战局分析和磋商。2月7日给金复电：

"太平洋舰队的各类舰只显然比敌人差，除了可以进行一些打了就跑的袭击外，不能在太平洋采取进攻行动，不大可能解除西南太平洋战区的压力。后勤问题已远远超过平时的观念，而且由于海上加油和气象关系往往无法掌握……用于进攻作战的战列舰不适应打了就跑的战斗行动；由于缺乏防空和反潜能力，用它们进行独立作战或支援性行动的可能性也存在。这样部署兵力在目前是不可取的。太平洋舰队一支或数支特混舰队在这个特别防区内继续执行战斗任务，则要依靠澳大利亚和新西兰提供后勤保障。而它们似乎力量有限……除非给这支舰队补充新的力量，特别是飞机、轻型舰只、航空母舰和快速油船队等，否则它的进攻作战能力是有限的……"

他在复电结尾时报告说，遵照金最初关于保卫夏威夷和通往萨摩亚海上运输线的指示，他将按计划派出剩下的一支航空母舰编队南下萨摩亚，把另一支作为后备力量留在珍珠港。

在太平洋舰队参谋部看来，金关于使用战列舰参加袭击的指示似乎过于荒唐。最新的战列舰是1923年编入现役的，航速均不超过21节，这样慢的航速，无法随同34节的航空母舰作战。太平洋舰队没有足够数量的巡洋舰和驱逐舰，可以用来掩护航空母舰和战列舰。而航空母舰有飞机、大炮，战时既能攻又能守，效率较高。

经典 百年海战大观 **珊瑚海海战**

"田纳西"号战列舰，在珍珠港日军的空袭中受损严重，修好后多次参加太平洋战争

第二章 进攻是最好的防御

2月9日下午，太平洋舰队总司令收到美国舰队总司令的一份复电，对尼米兹及其参谋部震动极大：

鉴于日军正在西南太平洋大举进攻，因而就敌军在夏威夷作战半径内能够投入战斗的各种舰只而言，太平洋舰队显然并不少，肯定不比日军弱。但是，如果不继续努力消灭敌军舰只和基地，敌军在西南太平洋一旦得逞，你们从澳大利亚到阿拉斯加的力量显然就比敌人弱了。你们对托管地的攻击行动本身就是掩护和保护中途岛和夏威夷一线，同时也就解除了对西南太平洋的压力……请从上述前提分析形势，并考虑从北面和东面对托管地以及威克岛采取积极行动，不然就改变战斗方式。

太平洋舰队参谋部马上开会商议。大家认为，他们在太平洋舰队所控制的范围目前找不出任何攻击目标可以牵制日军在其他战区的活动，即使通过海上加油，扩大攻击范围，也找不到这样的攻击目标。最后他们决定当晚暂时休会，冷静一下头脑，第二天再接着开会，那时哈尔西上将能出席会议。

与此同时，尼米兹决定让派伊乘泛美航空公司的班机去华盛顿，向美国舰队总司令汇报中太平洋情况。作为特使，派伊是一个理想的人选。他生性谨慎小心，会上发言深谋远虑，是一个备受尊敬的战略家和有足够的作战经验的指挥官。不久前，他担任太平洋战列舰编队司令。由他提出反对使用陈旧战列舰的意见，是很有分量的。尼米兹之所以让派伊去，重要的一点是，他是金在海军军官学校的同班同学，又是金少有的一位知己。

除了汇报有关战略问题和召开的会议情况外，尼米兹还通过派伊向金提出一个个人的小请求。由于布洛克在作战指挥上对他指手画脚，而他又不想破坏布洛克在部队中的威信，因此他迫切希望金能把布洛克调往别的地方。

第二天，参谋部又召开会议，哈尔西和其他高级军官都出席了会议。会上，有人建议在弗莱彻的"约克城"号航空母舰编队袭击威克岛的同时，哈尔西率领他的"企业"号航空母舰编队协同"列克星敦"号航空母舰编队攻击拉包尔。

珊瑚海海战中"约克城"号航空母舰上的机枪手

第二章 进攻是最好的防御

又有人更大胆建议去袭击东京。这个建议因当时正值冬季，北部地区加油困难而暂时不做考虑。

尼米兹在听取大家的意见后，决定采纳前一种建议，即把"企业"号航空母舰编队和"约克城"号航空母舰编队合在一起，参加对威克岛、埃尼威托克岛和马尔库斯岛的袭击。他认为，通过这些袭击，不但可以提高美军士气，使部队得到锻炼，还可以令金感到满意。他考虑到，在掩护兵力不足的条件下，若派出战列舰，极易被敌机炸沉，因此，战列舰不宜参加这次袭击任务。另外，尼米兹指定由哈尔西负责指挥这次战斗。

哈尔西对负责指挥这次战斗毫无异议，但得知他的航空母舰编队预定在2月13日星期五出发驶往威克岛时，他异常恼怒，认为太不吉利了。他指派性情急躁的参谋长布朗宁去太平洋舰队司令部责问此事。布朗宁一闯进作战室就劈头质问："这是怎么回事，选在这个不吉利的日子出发，你们有没有为我们着想？"司令部显然很理解布朗宁的气愤。的确，哈尔西此行，征途上艰难险阻，凶多吉少。司令部马上决定让布朗宁转告哈尔西，由于一艘油船的迟到，将使他的编队拖延至14日才能出发。

14日，哈尔西率"企业"号航空母舰及其护卫舰队（后被改编为16特混舰队）威风凛凛地踏上了征途。第二天，弗莱彻的"约克城"号航空母舰编队也出发跟进。

15日这一天，尼米兹收到美国舰队司令部发来的一份口气缓和的电报。明显看出，派伊斡旋成功。金对太平洋舰队在中太平洋海区偶尔对日军海岛据点进行袭击是满意的。同时，他提醒尼米兹，为应付敌人可能的突然袭击，舰只应当保留后备力量。他建议在坎顿岛配置1艘航空母舰。

为此，尼米兹派弗莱彻"约克城"号航空母舰编队转航去坎顿岛。哈尔西率领第16特混舰队在无线电静默的情况下，继续向西前进。2月24日，日军的电台明确地谈到威克岛已遭到袭击，3月4日又提到马尔库斯岛遭到袭击，可是哈尔西仍然保持静默。这使尼米兹颇为恼怒。

在马绍尔群岛战役期间，哈尔西就不再用电台同太平洋舰队司令部保持联系。3月5日，第16特混舰队司令哈尔西终于发了一份请求派1艘油船的电报。简短的附言称："部队没有遭受损失，重复一句：没有遭受损失。"

尼米兹领会到其中含义。他为自己规定了一个今后将严格奉行的信条：一旦一个司令官受命在外执行已获批准的战斗任务，对他如何完成任务，不作任何指示或建议。

各种各样的消息从特别防区传到珍珠港。布朗率领"列克星敦"号航空母舰编队企图袭击重兵布阵的拉包尔日军基地，但在距离目标350海里的地方被日军侦察机发现。从拉包尔起飞出击的日本轰炸机大部分被"列克星敦"号航空母舰编队的战斗机击落，盟军仅损失两架飞机，所有舰只完好无损。尽管如此，布朗感到现已

第二章 进攻是最好的防御

失去袭击的突然性，只有撤退，别无选择。他坚持认为，只有再增加1艘航空母舰，才能完成任务。因此，尼米兹命令弗莱彻率"约克城"号航空母舰编队前去增援布朗。

3月10日，哈尔西返回珍珠港。这支特混舰队曾袭击了威克岛和马尔库斯岛，但成效不大，甚至连乐观的哈尔西也这样认为，仅有少数建筑物和可能是一个油库起火，1艘小巡逻艇被击沉；代价是美国损失2架轰炸机。一位亲自参加战斗的军官说，"日本人对我们的袭击毫不在乎。"

尼米兹很清楚，日本在太平洋西南地区的推进还没有迟滞下来。他对自己的部属依然表现出平素那种稳健的信心，但是，他对自己却这样写道："坚持了6个月是幸运的，因为公众所要求的战果是我力所不及的。"

从空中拍摄到正在航行的"约克城"号

★ "列克星敦"号航空母舰

"列克星敦"号航空母舰最初设计是在1920年陆续开工的战列巡洋舰，根据1922年华盛顿海军条约规定，美国海军的"列克星敦"级战列巡洋舰被全部停建。美国海军决定将其中进度最大的"列克星敦"号航空母舰和"萨拉托加"号航空母舰改建成航空母舰。"列克星敦"号航空母舰（CV-2）是美国海军第4艘以"列克星敦"命名的舰只，1921年1月作为战列巡洋舰开工，根据华盛顿海军条约规定，竣工前改成航空母舰，1925年10月下水，1927年12月正式服役。

1930年，"列克星敦"号航空母舰作为航空母舰的先驱，对海

"列克星敦"号航空母舰

"列克星敦"号舰部防空炮

军航空兵的技术发展贡献巨大。在美国海军举行的舰队演习中,用它来检验航空母舰的战术理论,它为人们提供了许多操作使用航空母舰的宝贵经验。

1930年1月,"列克星敦"号航空母舰奉命为因干旱导致水力发电中断的华盛顿州塔科马市的10万居民供电,功率庞大的蒸汽轮机—电动机主机接通岸上的电缆,1个月总计供电425万千瓦,成为令人难以置信的逸闻。

1941年,"列克星敦"号航空母舰转入夏威夷珍珠港。12月5日,"列克星敦"号航空母舰从珍珠港出发向中途岛运送飞机,从而躲过了12月7日日本海军偷袭珍珠港。12月18日,"列克星敦"号航空母舰才返回珍珠港,随后"列克星敦"号航空母舰与"萨拉托加"号航空母舰被派出增援威克岛,但在到达前,威克岛已被日本攻占。

2. 爪哇海战

虽然尼米兹左右调度,但太平洋舰队需要防御的海洋区域实在是太大,根本照应不过来。而在遥远的菲律宾,美军总指挥麦克阿瑟已经放弃了马尼拉,带领美国部队和菲律宾部队撤到了更易防守的巴丹半岛和附近的科雷希多岛。当无法向防御部队提供支援的情况明朗化后,形势已无可挽回了,罗斯福总统命令麦克阿瑟撤离菲律宾。

麦克阿瑟不愿意离开重围中受饥挨饿的部队,他一直滞留到3月11日才离开菲律宾。到澳大利亚后,他对报界说:"美国总统命令我突破日军的战线,又从科雷希多岛来到澳大利亚的目的,就我个人的理解是为了组织对日军的反攻。而反攻的主要目的是为了解救菲律宾。我从菲律宾出来了,我还将返回去。"

如果麦克阿瑟认为他是盟军中独一无二的,能迅速解放菲律宾,而后从那里进攻日本的指挥官,那么他就错了。首先,他没有

第二章 进攻是最好的防御

在菲律宾，没能撤退的美军士兵成为日军俘虏

军队；其次，他没有海军的经验，参谋长联席会议早已明白，他不能指挥太平洋舰队。联席会议已将他的职权规定在西南太平洋战区。它包括澳大利亚、所罗门群岛、新几内亚和菲律宾。北、中、南太平洋战区由太平洋战区司令官尼米兹统辖。

在他们分别统帅的战区里，麦克阿瑟和尼米兹是美国和盟国的陆军及海军的最高长官。但是，如果是出于战略的需要，太平洋舰队进入麦克阿瑟的西南太平洋战区，那它还要听从尼米兹的指挥。因为尼米兹身兼二职，他既是太平洋舰队司令，又是太平洋战区司令。

还在这年2月，当哈尔西的航空母舰编队袭击吉尔伯特群岛和

南云忠一率领的日本航母编队

第二章 进攻是最好的防御

日本轰炸机编队

马绍尔群岛时，南云忠一的航空母舰编队也在向东反攻。后来，南云忠一正确地判断出哈尔西的袭击是采用打了就跑的战术。于是，他转而南进，援助日军夺取在新不列颠岛上拉包尔的澳大利亚基地，袭击澳大利亚的达尔文港。然后，进入印度洋援助日本向东印度群岛进军。日本在马来半岛向南推进，并迫使新加坡投降。

与此同时，日本舰队正在向南开进，到达婆罗洲海岸，并修建了机场。这样，当他们向前进攻时，陆基飞机就可以支援他们的下一步行动——对爪哇发动钳形攻势。

盟国在东印度群岛的防御力量是一支势单力薄的巡洋舰——驱逐舰舰队。舰队的名称为"美英荷澳联合突击编队",由美国的亚洲舰队再加上一些英国、荷兰和澳大利亚的舰艇组成。舰队由荷兰海军少将卡雷尔·杜尔曼指挥。

海军部队过于涣散,不能击退预料之中的日军对爪哇的入侵。岛上只有25000人的荷兰军队和7000人的英国与澳大利亚军队,可供作战使用的飞机不足30架,守住800公里长的海岸线是毫无希望的。"我不忍离开这些勇敢的荷兰士兵,我将坚守此地,尽可能和他们一起同敌人战斗到底,"杜尔曼致电盟国首脑。3天以后,空中侦察报告两大股入侵部队已驶往爪哇岛,乘飞机撤到锡兰的时刻来到了。

"我相信你们会尽力坚持战斗。"丘吉尔在拍给留在爪哇岛上同荷兰和澳大利亚军队一起进行最后抵抗的英国陆军和水兵的告别电报中说。英美荷澳4国联合舰队中的9艘巡洋舰和11艘驱逐舰,是保全一部分荷属东印度领土的最后一线希望。

2月26日,另外3艘皇家海军巡洋舰和驱逐舰驶往巴塔维亚,它们奉命出击驶往爪哇岛西北部的一支大型入侵护航运兵船队。但在行军途中遭到猛烈的空袭,好不容易才逃到锡兰。

当天下午,空中侦察发现另一支护航运兵船队驶往爪哇岛东端。杜尔曼的舰队还没有来得及在泗水基地加油,就接到司令部的命令:"跟踪追击直至全部消灭日军。"他指示自己的多国部队:"我

忙碌的盟军水手

们必须履行我们的职责，直到最后时刻。"舰队搜寻了一整夜，可是毫无结果。黎明时分，它们返回泗水，逃脱了日本飞机的袭击。那天上午，当美国的"兰利"号航空母舰运送一批战斗机前往芝拉扎的时候，被日本飞机发现并击沉了这艘航空母舰。

当空中侦察第二次发现这支运兵船队在巴韦安岛北面85海里海面上的时候，杜尔曼的舰队出发前往截击。

"兰利"号航空母舰

没有时间举行作战会议，杜尔曼的命令，还须由"德鲁伊特尔"号轻巡洋舰上的一位美国海军联络官翻译出来，再用信号灯发给"埃克塞特"号重巡洋舰和"休斯敦"号重巡洋舰。舰队后尾由"佩思"号轻巡洋舰和"爪哇"号轻巡洋舰组成。左翼是荷兰皇家海军的3艘驱逐舰；右翼由两艘荷兰驱逐舰和4艘美国海军驱逐舰掩护。

杜尔曼提出的派遣侦察机的请求遭到拒绝，因为所有飞机都已派去袭击运兵船队。15点30分，掩护左翼的英国驱逐舰发现日本的支援舰队从西北方向驶来。这是旗舰"神通"号轻型巡洋舰和8艘驱逐舰。

杜尔曼命令他的舰队进入战斗，但是，由于没有雷达和侦察机，他完全不知道附近还有两支敌人的舰队。在运兵船队的支援舰队以西 10 公里是"那珂"号轻型巡洋舰和 6 艘驱逐舰，西北 8 公里尚未被发现的是高木竹尾的"那智"号和"羽黑"号重型巡洋舰以及 4 艘驱逐舰。虽然杜尔曼舰队的巡洋舰较强，可是这个优势却失去了，因为他是盲目参加战斗的，而敌人巡洋舰和水上飞机却能够观察到盟军的动向。

爪哇海战斗是自从日德兰大战以来最大一次水面战斗，这场战斗是 1942 年 2 月 2 日 16 点之前不久开始的。日本 3 个中队的舰只立即进入与盟军舰只平行的航道，保持的距离刚好满足重型巡洋舰

荷兰海军"爪哇"号轻巡洋舰

203毫米口径炮的射程，这使杜尔曼处于不利的地位，因为受伤的"休斯敦"号巡洋舰的主炮塔失去了作用。

为了战胜对手，这位荷兰海军将领试图缩小距离，以便使他的巡洋舰上的153毫米口径炮能够发挥作用。他在小口径炮方面占有优势，可是，当距离缩小的时候，日本人发射鱼雷。他们的射击技术也占优势，在开战的几分钟里，"德鲁伊特尔"号轻巡洋舰的轮机舱被一颗没有爆炸的203毫米口径炮弹击中。半小时以后，重型巡洋舰齐射的另一排炮弹在"埃克塞特"号轻巡洋舰轮机舱爆炸。这艘舰立即起火，被迫退出战斗。由于它紧跟在旗舰后面，负责传达命令，舰队的其他舰只便老老实实地跟着它行动，一起调头往南拐，留下"德鲁伊特尔"号轻巡洋舰独自向前高速行进。在这个危急关头，一枚鱼雷将"科顿艾尔"号驱逐舰拦腰击断，断裂的两半慢慢沉向海底。

爪哇海战简直是"美英荷澳联合编队"的末日，这支舰队只剩下5艘巡洋舰和9艘驱逐舰，正当它全速拦截一支驶向爪哇岛的日本运输船队时，与运输护航队的4艘巡洋舰和13艘驱逐舰遭遇并展开了战斗。

海战一直持续到深夜，时断时续。当4艘美国驱逐舰的鱼雷全部发射完后，杜尔曼让它们撤出战斗，最后，它们总算抵达了澳大利亚。而"美英荷澳联合编队"的其他军舰都被击毁了。荷兰的"德鲁伊特尔"号轻巡洋舰和"爪哇"号轻巡洋舰以及3艘驱逐舰

第二章 进攻是最好的防御

在战斗中损失了。其他3艘巡洋舰（美国"休斯敦"号轻巡洋舰、澳大利亚"珀思"号轻巡洋舰和英国"埃克塞特"号轻巡洋舰）和两艘驱逐舰也在稍后不久从爪哇海试图突围时被击毁了。

3月9日，爪哇被日本侵略军占领。到了月底，荷属东印度群岛已全部落入日军手中。此时，除了菲律宾还没有被完全征服外——菲律宾和美国军队准备再坚持几个星期——日本人在南太平洋已经达到了一切目标。日本人称他们刚刚侵占的领土为"南方资源区"。婆罗洲、苏门答腊和爪哇的高产油井为他们提供了所需要的原油。这些地方和邻近区域还有丰富的锡、橡胶、奎宁和其他的战略物资。

日本人着手建立一个囊括南方资源区、日本诸岛和它们之间的交通线在内的环形防御圈。这个环形防御圈从缅甸的仰光开始。经过东印度群岛、拉包尔、吉尔伯特群岛、马绍尔群岛至威克岛。然而，在威克岛至千岛群岛之间还有一个宽阔的缺口使日本人有几分忧虑。

为了增强安全系数，削弱和打击附近的英军，南云忠一的航空母舰编队在4月初还袭击了锡兰的科伦坡和亭可马里的海军基地。英国东方舰队司令官萨默维尔事先得到将要遭到攻击的警报，已经率领舰队出海。但是，南云忠一舰队的飞机发现了部分英舰，并击沉了两艘巡洋舰、两艘驱逐舰和"竞技神"号航空母舰，南云忠一编队凯旋。

日本人原想留在他们的环形防御圈里，准备击沉突破防御圈的美国军舰，直到美国人愿意谈判为止。但是，他们在南太平洋的胜利比计划的大大地提前了，原想6个月完成的计划只用了不到90天就完成了。

日本人感到自己所向无敌，于是，就决定进一步扩张侵略。在南太平洋最危险的区域就是澳大利亚。这时，澳大利亚的多数部队正在与英军一起保卫埃及，但美国人可以在澳大利亚建立起足以重新夺回"南方资源区"和菲律宾的力量。

日军显然没有足够的兵力征服和占领整个澳大利亚。因此，日本最高统帅部计划将澳大利亚孤立起来，其分割线是穿过所罗门群岛和新赫布里底群岛一直到达新喀里多尼亚、斐济和萨摩亚。日军将在这些岛上建立军舰和潜艇基地，还要建设机场，阻断澳大利亚和美国之间的交通线。

作为第一步，海军参谋总部计划先夺取所罗门群岛东面的小岛图拉吉和新几内亚岛尾部南岸的莫尔兹比港，日本相信从这些据点上他们就可以控制住珊瑚海。

山本五十六赞同图拉吉——莫尔兹比港的作战方案，但他想推迟新喀里多尼亚—斐济—萨摩亚一线的作战，等他打完了中途岛以后再行动。

正如尼米兹所推断的，美国航空母舰舰载机的空袭虽然只对日本基地造成了轻微的破坏，但空袭本身显示了日益增长的胆略。3

月4日袭击的马尔库斯岛离日本还不到1000海里。山本五十六无法使自己摆脱一种时时不安的困扰，如果这些大胆的美国人要想轰炸东京，就可能危及天皇的生命，而保护天皇历来就是日本武装力量的传统职责。夺取中途岛就能缩小日本环形防御圈上的缺口。更重要的是，这样可以拖垮以航空母舰为主体的美国太平洋舰队。

日本海军参谋总部又一次否定了山本五十六的计划，认为这样太冒险。中途岛在珍珠港的轰炸机的有效作战半径内。即使夺取了中途岛。要在美国的抗击面前保持对该岛的补给只能冒极大的风险。直到山本五十六攻打中途岛的前夕，日本海军参谋总部仍是这样认为。

★日本航空母舰特遣舰队司令南云忠一

南云忠一1887年3月25出生于山形县米泽市的信夫町，1908年海军兵学校第36期毕业，在同期191人中排名第7位。1910年1月任命为少尉，在装甲巡洋舰"浅间"号执勤。1917年任"如月"号驱逐舰舰长，1929年11月升大佐，历任"那珂"号轻巡洋舰舰长，第11驱逐队司令，"高雄"号重巡洋舰舰长，与"山城"号战列舰舰长。1935年11月升少将，先后担任第1水雷战队司令，第8战队司令，水雷学校校长，以及第3战队司令。1939年11月升中将，1940年任海军大学校长，1941年4月就任第一航空舰队指挥官。

联合舰队总司令山本五十六决定攻击珍珠港时，其目的是希望消灭美国海军在太平洋上的主力部队。南云忠一激烈反对这一作战,但还是被任命为这一行动总指挥。虽然山本五十六是战略决策者,但是作为一线指挥官的南云忠一的表现直接影响着战役的胜败。当大家为了如何隐秘远航3000海里而头疼的时候,南云忠一却表示航海的事情大家就不要犯愁了。只要你们能飞得起来,扔得下去炸弹,炸得掉美国船,我肯定能带你们的飞机到指定的地方,而后来的事实证明南云忠一确实做到了这一点。

南云忠一

3. 杜立特空袭

1942年4月,美国的炸弹终于扔到了日本。自从珍珠港事件以来,罗斯福一直敦促他的军事计划人员寻找轰炸东京的办法。从中国派飞机,虽然不愁没有志愿飞行员,可是飞去就回不来,对飞行员来说这无异于自杀。

直至1942年春,金的参谋部方才想出一个方案:从一艘航空母舰上出动轰炸机去轰炸日本东京，航空母舰可以把它们载到离日本海岸足够近的海面，它们完成轰炸任务后可以继续飞到中国大陆。这个计划要求改装双引擎"B-25"式轰炸机。24个机组花了一个月时间，在跑道上标出模拟飞行甲板，在上面演练短程起飞滑跑。这个任务交给了陆军航空队第一流的飞行员、当年的飞行速度世界纪录保持者詹姆斯·杜立特。

杜立特1896年出生于加利福尼亚，幼年时即随父母迁居阿拉

"B-25"式轰炸机起飞前的弹药准备

斯加的诺姆。虽然身材矮小，他却自小喜爱拳击，曾获得太平洋沿岸最轻量级拳击冠军。莱特兄弟发明飞机之后，杜立特疯狂地迷恋上了飞行，自行制作了一架飞机。1917年，他加入美国陆军航空兵部队。1922年9月4日，杜立特驾驶一架DH-4B型飞机，从佛罗里达飞到加利福尼亚，全程3481公里，耗时21小时19分，成为首个完成一天内横跨美国本土的飞行员。他赢得过多项航空赛事的冠军，此后，他担任美国军队新机型的试飞员之一，并在麻省理工学院获得了航空工程学博士学位。1930年，他第一次退役，进入蚬

停在"大黄蜂"号甲板上的"B-25"式轰炸机

壳石油公司工作。1934年，他提议将航空部队从陆军分离出来，成立单独的军种，并促使蚬壳石油公司开始研发专用的航空燃料。

第二次世界大战爆发后，杜立特重新入伍，日本偷袭珍珠港令美国人的太平洋舰队主力几乎全军覆没，美国民心士气跌到最低点。为了还以颜色并建立起全美国人的信心，美国领导层决定不惜一切代价空袭日本本土。于是产生了用航空母舰搭载陆军（当时美国还没有空军编制，陆基飞机属于陆军航空队）"B-25"式轰炸机空袭日本的计划。杜立特当时是美军小有名气的轰炸机部队基层军官。他接受了这一即便轰炸成功也未必能生还的危险任务。

1942年4月2日，新服役的"大黄蜂"号航空母舰载着杜立特的机组人员，从旧金山起航。16架"B-25"式轰炸机，改装后增设了油箱和假机尾机关枪，必须小心谨慎地滑落在飞行甲板上。为了不被敌人发现，"大黄蜂"号航空母舰穿过北太平洋风暴区，将在阿留申群岛和中途岛之间的一个指定地点同哈尔西的"企业"号航空母舰会合。"迈克特遣舰队"——这是它的代号——在阴沉的海面上向着九州海岸以西约1000公里的起飞点破浪行进。由于计划人员安排时间表时忽视了国际日期变更线，舰队的航行多花了一天，假若没有这个缺陷，这次行动就十分顺利了。

4月17日下午，"迈克特遣舰队"离起飞点只有24小时的水程，仍未被敌人发现。"大黄蜂"号上的甲板人员对"B-25"式轰炸机做了最后检查，他们用起货机装上炸弹，用粉笔写下这样的话,"我不想让整个世界燃烧起来,只想让东京着火罢了。"

当晚,雷达发现了日本海上警戒线最外层的哨艇,舰队改变了航向,但是第二天上午7点半之后不久,一艘敌船发现了特遣舰队,它发出的无线电警报被舰队接收到了,几分钟之后,前卫巡洋舰用炮火击沉了这艘小型勤务艇。

杜立特和哈尔西决定立即进攻,即使多飞160公里可能使轰炸机不能剩下足够的油以返回中国大陆也在所不惜。他们是在进行重大的冒险:虽然日本防线即将处于警戒状态,但日本人不会料到当天就有袭击,因为特遣舰队离日本几乎还有600海里。

"让杜立特上校和勇敢的中队起飞吧。一路平安,上帝保佑你们,"哈尔西向"大黄蜂"号航空母舰发出信号,这艘航空母舰在上午8点之前不久调头迎风。电警笛拉响了,杜立特紧紧握了一下米切纳的手,然后对他的同伙喊道:"好,伙计们,就这么着。一起出发吧!"

杜立特的轰炸机准备起飞——无论是他,还是他的飞行员同伴,都是第一次尝试从猛烈摇晃的航空母舰飞行甲板上起飞。"那天上午,风在怒吼,海在咆哮,蔚蓝的海水在航空母舰两侧迸裂出一簇簇浪花。"哈尔西在回忆那个危急关头时说,"吉米率领他的中队起飞了。7点25分,当他的飞机在'大黄蜂'号航空母舰的甲板上嗡嗡起飞的时候,特遣舰队的甲板人员没有一个不在帮他飞到空中去。一位飞行员的飞机总是出问题,我们差不多将他的资产开列

第二章 进攻是最好的防御

一架"B-25"式轰炸机从"大黄蜂"号上起飞

了清单。但16架轰炸机中最后一架在8点24分飞走了,一分钟以后,我的值班参谋在旗舰航海日志上写道:'改变航向,转弯90度,立即以25节的速度撤出该海区。'"

特遣舰队转向东驶,杜立特率领他的"B-25"米切尔式轰炸机向西飞去,执行后来人们形容的"轰炸和燃烧日本工业心脏"的使命。经过介绍,每一位飞行员都知道了各自所要轰炸的军事目标:钢厂、飞机厂和电站。杜立特对他的同伴说,万一他的飞机被打坏了,他就"寻找一个飞机坠毁能造成最大破坏的目标,开足马力猛栽下去"。

两个小时以后,当杜立特的轰炸机低空掠过东京湾的时候,这样的自杀勇气的确没有必要了。东京城里的人正在吃午饭,发现了他们的一队巡逻飞机没有发出警报。他真走运,当他窜入这座城市乱七八糟向外延伸的北郊上空时,甚至在他上面的高空中飞行的9架战斗机也没有发现他。"继续在郊区上空向正南方向和东京东区中心方向低空飞行。升到360米的空中,转向西南方向飞去,向极易起火的地区投下燃烧弹,"他一面丢下第一颗高爆炸弹,一面如实地记着航空日志。"高射炮火非常猛烈,但只有一架飞机差点被击中。下降到房顶高度,然后钻进西郊低空的烟雾之中,调头向南飞到海上。"

警报器再次拉响了,拥挤的街头和公园里,当第一批轰炸机掠过上空的时候,人们不约而同地向头顶望去。人们挥着手,以为

从飞机上拍摄到的日本横须贺海军基地

是日本空军在作表演。只有当爆炸震撼着首都，滚滚浓烟升起的时候，他们才知道这是真的轰炸。在撤退的航空母舰上，监听着东京广播电台的美国水兵，从播音员声音后面的颤悠的警报声中，知道了杜立特的飞机已经到达城市上空。

美国轰炸机仿佛从四面八方飞来，继续制造了混乱，使日本人的防务陷于瘫痪。还有3架"B-25"式轰炸机同时到达名古屋、大阪和神户上空，日本战斗机驾驶员不知所措，好半天弄不清楚袭击是从哪个方向来的，美国轰炸机趁机逃往中国海岸，日本战斗机想追也来不及了。

杜立特机组在中国迫降，被中国军民拯救后的合影

第二章 进攻是最好的防御

袭击日本的"B-25"式轰炸机，好不容易飞抵中国海岸。一架飞机的油快完了，改变方向降落在符拉迪沃斯托克，机组人员立即被吃了一惊的苏联人扣留。黑暗、大雾、缺油排除了试图在中国机场着陆的可能性，尽管已经通知这些机场接待他们。杜立特的飞行员被迫跳伞，在中国游击队帮助下，除了11人外其余的人被安全护送到抗日战线的后方。3人在强迫着陆时丧生，8人被日本人俘虏，受到审问和拷打。

《朝日新闻》题为《敌机轰炸校园》的文章，谴责这次袭击是"惨无人道、贪得无厌、不分青红皂白的轰炸"，从而激起了公众的愤怒。美国飞行员受到审判，被判处死刑。两名飞行员和一名机枪手被处决，其他人受到"宽大"，死刑改为长期徒刑——后来只有4人活了下来。

除了破坏90座建筑物和造成50名平民死亡以外，这次袭击没有造成多少实际损失。但是，正如罗斯福所预料的那样，它直接地激发了美国的士气。"杜立特干得漂亮！"《洛杉矶时报》赞扬说。罗斯福为这件事增添了浓厚的神秘色彩，他说，这次进攻是从"香格里拉"发动的。其实，他是为了掩盖使用了航空母舰这一事实。

日本人已经猜到了这一点，但他们整整花了一个星期的时间，用严刑拷打才从俘虏那里得到口供。与此同时，"联合舰队"立即出海追击敌舰。山本五十六由于自己的战舰未能阻止美国轰炸机侵犯皇宫的神圣领空而感到极度痛苦，他退到旗舰上的舱室里，让他的参谋长指挥这场徒劳的搜索。

哈尔西的特遣舰队轻易地躲开了追击的飞机，有雷达放哨，舰队穿过阴霾雾障航行。两天以后，日本海军放弃了追逐。

杜立特袭击东京最深远的影响是对日本参谋本部的巨大心理冲击。陆、海军将领们丢尽了脸。他们由于愤怒做出的过分反应，终于导致一系列战略灾难。陆军立即削减在中国的前线空军力量，把战斗机群调回保卫本土。

海军参谋本部的成员感到极为羞耻。海军参谋长南云忠一原来对即将到来的中途岛战役一直有不同的考虑，现在接受了山本五十六的观点，即除非把攻占太平洋中部岛屿以扩大日本的边防当成当务之急，否则整个日本海军就要加强巡逻，阻止美国航空母舰对日本发动进一步的袭击。

轰炸东京之后两天，日本参谋本部决定准许"联合舰队"进攻中途岛。这次战役提前到6月的第一个星期进行，紧接着预定攻占莫尔兹比港的登陆作战和在所罗门群岛建立基地的活动。将这3个一连串的入侵行动安排得十分紧凑，不留任何回旋余地，也就使每一个行动都铤而走险。

轰炸东京的最直接的后果，是日本陆军参谋本部给侵华远征军的一道命令。侵华远征军派遣53个营讨伐国民党控制的浙江省和江苏省。在后来几个星期中，约有25万中国农民被屠杀。10万日本兵在乡村烧、杀、奸、掳，野蛮和凶残不亚于南京大屠杀。这次严厉的报复是要警告中国人不得再与美国的轰炸机合作。它还使重庆和华盛顿之间的关系变得不愉快，因为美国事前没有征求蒋介石的同意，因为害怕他极易走漏风声的司令部泄露计划。日本的野蛮报复是在严厉警告美国人：对日本神圣领土的任何袭击，必将受到激烈的报复。

山本五十六也深感耻辱，闭门反省，终日沉思。但是，这次轰炸却一扫对他攻击中途岛计划的反对意见，确定于5月初实施图拉吉——莫尔兹比港的作战计划，而对中途岛的攻击定于6月初。为了支援这次作战，日本只拨给3艘航空母舰（"祥凤"号轻型航空母舰和南云忠一的2艘大型新航空母舰"翔鹤"号航空母舰、"瑞鹤"号航空母舰）。

★传奇英雄杜立特

杜立特成功轰炸东京，使得珍珠港事件后美国低落的士气为之一振，因此美国国内将其视为一位传奇性的英雄人物。当他自中国安全回国后，立即被提升为准将，被总统富兰克林·罗斯福授予美国国会勋章。之后，他又在北非登陆战役中和地中海战区指挥美军战斗机部队。

1944年1月，杜立特任驻英国的第8航空队司令，军衔升至中将。他到任后对进攻德国的轰炸机的护航战术进行了重大调整，

美国王牌飞行员吉米·杜立特

"我们战斗机的首要任务是在空中消灭敌机",加速德国空军的崩溃。其后,他又参加过冲绳战役。

1945年8月,日军投降,第二次世界大战结束。1946年5月,杜立特以中将军衔退役,重新回到壳牌公司任副总裁,之后担任该公司董事。1985年,美国国会和总统罗纳德·里根为表彰他的卓越功绩,授予他上将军衔。1988年,乔治·布什授予他总统自由勋章。1993年,杜立特在加利福尼亚去世,下葬于阿灵顿国家公墓。葬礼举行时,美国所有尚可飞行的"B-25"式轰炸机全部升空以示悼念。

4. 25号密码的魔力

盟军方面,"一连串的灾难"仍然在远东泛滥,唯一的宽慰是轰炸了东京。这个行动在一段短时间内振奋了美国人的精神,但是,参谋长联席会议认为这个行动只不过是为了宣传而进行的一次袭击，事实证明它们都错了。在后来的几个月中，杜立特的袭击引起了一连串的事件，通过这些事件，美国找到了遏制日本对外扩张的机会。

轰炸东京后，日本海军做出了过分的反应，几乎把日本"联合舰队"的所有军舰都派出去了。这就产生了大量无线电信号，为美国海军赢得一场出乎意料的然而却是至关重要的秘密胜利提供了机会。

虽然美国没有可与日本匹敌的海军力量，却在秘密电子战方面拥有巨大的优势，而电子战恰恰是在辽阔的太平洋战场上取得战术优势的关键。这种情报提供的重要线索，揭示了"胜利病"如何促使日本人在过长的战线上发动了过多的战事，从而分散了他们压倒性优势。由于事先知道了敌人战略的弱点，尼米兹海军上将得以集中他有限的海军力量，逐个对付敌人的行动，从而破坏了日本南下和西进太平洋的企图。

日本"联合舰队"疯狂地追逐哈尔西正在撤退的特遣舰队，为情报拼板增添了许多材料。美国费力地将这些拼板凑在一起，以便揭开日本在第二作战阶段行动的秘密。

从阿拉斯加到澳大利亚，环绕太平洋一系列无线电站的监听者，从空中接收川流不息的密码电报，然后通过电传打字电报机发给华盛顿海军部情报处为劳伦斯·萨福德工作的密码破译人员，或者发给在珍珠港工作的，由约瑟夫·罗彻福特领导的规模较小的太平洋舰队作战情报处。

自从战争开始以来的5个月里，他们日夜煞费苦心地破译五位数一组的日本海军主要作战密码，这种密码被称作"日本海军25号"。除了日常通讯外，他们还使用特别安全的"梳子"信号波长，以便珍珠港、布里斯班和华盛顿的海军情报机关在探索电报的规律的时候，可以互相交换不断接收到的情报。

这是一个需要破译小组、复杂的归档系统和国际商用机器公司打孔卡片制表机发挥难以掌握的技巧和直觉的过程。破译一组一组密码的线索，要从两个字母的地名密码、日期时间密码、船只和指挥官的呼叫信号等密码的相似之处和反复出现的形式，以及从莫尔斯电码发报者的相同"手迹"中去摸索。这些情报记录在长127毫米，宽203毫米的活页纸上，一沓沓地放在敞口的箱子里备用，太平洋舰队作战情报处称这些活页纸是"卡片"。12月7日在珍珠港击落一架敌机，从飞机上抢救出来的文件列有空中密码和船只呼叫信号密码，这些密码提供了第一批重要的线索。

破译密码电报的实际过程是一项十分艰巨的任务，必须依靠人的聪明才智和国际商用机器公司制表机的不断摸索。日本海军25号密码，与被紫"黑箱"破译的机器译成的外交密码不一样，是一种从两部电码本中产生的传统密码。第一部"字典"是一栏栏随便挑选的5位数一组的数字，共有45000组。每一组代表日文中的一个具体词或短语。在拍发密码电报之前，每一组数字逐次加在第二

莫尔斯密码机

部电码本的类似五位数一组的数字后面。每一组数字可被 3 整除，以便检查是否被篡改，因此，它们的总数也能被 3 整除。用莫尔斯电码拍发一封电报之前，先在电报前注上索引，收报者根据索引查出第二部电码本的哪一页、哪一栏和哪一行，然后参考"字典"将密码电报译出。

对于华盛顿海军部情报处和珍珠港太平洋舰队作战情报处的密码破译员来说，在日本舰队三天徒劳追逐期间截收到的大量电报是很大的收获。秘密的呼叫信号告诉他们，日本"联合舰队"的每一艘军舰都已出海，而且这次大规模行动的目的也暴露了，有价值的洞察弄清了许多5位数的意义。

美国密码分析员在日本人坚持使用"B"型密码的那5个月中编纂的日本海军25号密码"字典"中又增添了许多词汇。为了保守机密，东京海军参谋本部原来打算在4月1日更换那两部电码本。但是他们深信他们的双层密码是别人破译不了的，因而将更换日期推迟到5月1日，后来又推迟到6月1日，因为将新"字典"送到每一艘军舰上是很麻烦的。

这使美国海军情报机关到了4月底，对日本海军25号B型舰队密码非常熟悉，以致每天能破译截收到的全部密码电报的二十分之一。这些情报，加上从比较容易破译的密码电报中收集到的情报，开始描绘出一幅有关敌人部署和意图的清楚的图画。

3月25日，一封提到RZP战役的电报暗示，MO指的是新几内亚南端的莫尔兹比港，RZQ指的是附近的水上飞机基地，这两个代号在来往的密码电报中大量出现，似乎表明日军正在南进。

随后破译一份电报后获得的重要线索证实了这个情报，这份电报是在杜立特袭击东京之后一个星期发出的，它要求提供1000份在进攻计划中使用的文件和一幅完整的澳大利亚地图。3天以后破译的一封电报清楚地写道："MO的目标首先是限制敌人舰队的活动，将以沿着澳大利亚北部海岸发动进攻实现这一目标。"在这个月里，集中于拉包尔的电报数量增加了，表明正在加紧集结飞机、船只和

第二章 进攻是最好的防御

军队,准备南下进攻澳大利亚。

通过有根据的猜测来填补情报拼凑中缺少的部分,以及通过破译密码来做出这样的解释的过程中,约瑟夫·罗彻福特起着主导作用。罗彻福特对于详情细节有着超人的记忆力,在多年学习日文和研究日本海军作战的过程中积累了丰富知识,有很强的直观能力。他是珍珠港太平洋舰队作战情报处8名经过精心挑选的密码破译员的领导,也是他们的主要鼓舞力量。这个情报处在破译日本舰队密码方面逐步掌握了一种特殊的技能。他们独特的能力赢得了尼米兹的信任——他越来越依靠他们的情报,把这些情报当作他在太平洋战争最关键的作战阶段的秘密武器。

"你用不着异想天开——可是异想天开却帮助你。"这是德怀尔办公桌对面墙上贴的一张警语,这张办公桌上经常堆满乱七八糟的草稿、截收的电报和制表机的打印结果。罗彻福特的这位主要助手蓄着整齐的八字胡,戴着金丝眼镜,有着一副心不在焉的古怪派头。

情报处8个人的工作气氛的确有点古怪,情报处处长在工作时候喜欢穿一双拖鞋和一件褪色的绯红天鹅绒吸烟服。"像一艘潜艇那样地与世隔绝。"一位成员回忆他们在珍珠港新行政大楼的没有窗户的地下室里、在刺眼的日光灯下、在制表机和电传打字电报机不停地敲打声中昼夜紧张工作的情景时说。在这儿,钟表上的时刻已经失去了任何意义,空气调节环境下的恒温引起了这样的笑话：唯一的新鲜空气是由客人的口袋带来的。客人是非常少的，因为在挂着"作战情报处"招牌的单门前，有武装警卫站岗。

在1942年这几个危急的星期里，德怀尔和罗彻福特一起昼夜24小时值班。罗彻福特经常在地下室里一待就是好几天，靠三明治和咖啡维持体力，睡在制表机之间的帆布床上。在这里，人和机器高度集中地工作，只有华盛顿海军部情报处和麦克阿瑟司令部的密码破译员才能相比。麦克阿瑟的情报处的代号叫"卡斯特"，他们在澳大利亚建立了新的总部后改名为"贝尔康南"。

太平洋舰队情报部根据罗彻福特的作战情报处提供的情报，全面掌握了日本海军的动向。情报部是由埃德温·莱顿领导的。当尼米兹接管指挥权的时候，他保留了这位有希望的年轻军官，赏识他的常常能察觉出敌人下一步行动的本领。

莱顿将这些情报收集在每日《情况简报》里，用密码发给所有舰船和基地。莱顿分析情报的依据，不仅有破译的密码，而且有大量的原始无线电情报，还有他在远东值勤时积累的经验，这些经验使他具有以日本人的眼光看太平洋的独特的能力。

在杜立特出发袭击东京之前一个多月，莱顿和他的工作人员将截收的信号提供的零散情报集中起来，在日本海军指挥部发出第一批作战命令之前几天，预见到了日本海军正在向俾斯麦群岛和新几内亚展开进击。

第二章　进攻是最好的防御

科雷希多岛上巨大的岸防炮阵地

显而易见，敌人的意图是要部署几艘航空母舰、南海陆军师和第25航空战队，发动一场大规模攻势。"日本人现在能够同时袭击莫尔兹比港和图拉吉岛。"4月3日的太平洋舰队作战日志写道。

3个星期以后，华盛顿海军部情报处破译了发给日本第4舰队司令官井上成美的命令，使美国人知道，一旦从印度洋返回的南云忠一突击舰队派出的两艘航空母舰抵达马绍尔群岛的特鲁克基地，就立即开始执行MO行动计划。

情报官莱顿给尼米兹提供的情报是：科雷希多岛仍在美国人手中。巴丹群岛陷入敌手。日本航空母舰编队仍在印度洋活动。日军袭击锡兰的科伦坡基地之后，在海上打沉了两艘英国巡洋舰。根据种种迹象分析，日军将在4月下旬进攻新几内亚东部。

尼米兹这时已对无线电收到的情报深信不疑。因为，莱顿已向尼米兹解释了为什么在日军袭击珍珠港之前没有提供情报，这并不是美国情报人员的工作效率不高，而是日本人非常谨慎。在袭击前几个星期，日本航空母舰部队的电台通讯已销声匿迹，所有舰艇都保持无线电静默。在美国人所有破译的日军密码电报中根本就没有提到这次行动计划。这使尼米兹感到自己过去错怪了夏威夷情报站的工作人员。

★密码专家约瑟夫·罗彻福特

约瑟夫·罗彻福特人称"魔术大师"，他曾留学日本，是美军中的日本通，同时又是通信和情报分析的专家，凭借着丰富经验和娴熟业务，在太平洋战争中领导对日军通信密码的破译工作。1895年2月12日，罗彻福特出生于美国纽约州的一个普通中学教师家庭。他的父亲是个数学教师，培养起他对数学的热爱。罗彻福特毕业于新泽西州斯蒂文斯理工学院，同年以少尉军衔入海军服役，他在舰艇上一待就是好几年，闲暇时最大的乐趣就是玩拼字游戏。海军部需要一个精通数学、联想力超凡、想象丰富的家伙，来钻研一门全新的学问：密码破译。有人推荐了罗彻福特。

约瑟夫·罗彻福特

1936年，在密码破译上小有名气的罗彻福特被派往日本大使馆当翻译，同时也是为了更好地研究日本密码的破译。1941年5月，罗彻福特从日本回国后被推荐到珍珠港太平洋舰队工作。珍珠港事件后，罗彻福特向太平洋舰队总司令尼米兹保证，太平洋舰队永远不会缺少情报！他和他的部下——数十名电台监听员、密码破译员、翻译和情报分析员，在警卫森严的珍珠港第14海军军区司令部大楼的地下室里夜以继日地工作——他们的工作环境几乎与世隔绝，日本海军90%的电讯往来都被他们所截获。尼米兹这样评价他们："你绝对无法相信，有人能在如此繁重的脑力劳动，如此巨大的工作压力下，坚持工作如此持久的时间！"

"列克星敦"号航空母舰甲板上的美军士兵

第三章
剑指珊瑚海

★ 3500海里的航程,要按时赶上参加战斗,确实是不大可能。尼米兹设想,如果敌人推迟了行动计划,那么,哈尔西与弗莱彻汇合之后,哈尔西将担任作战的总指挥。

★ 6点15分,攻击部队起飞。第一批是18架"道格拉斯SBD"式侦察轰炸机,紧跟着起飞的是同样数量的"道格拉斯SBD"式俯冲轰炸机,每架携带一颗重达450公斤的炸弹。

★ 美国人首先打击了日军,从而揭开了珊瑚海之战的序幕。尼米兹高兴地从珍珠港给弗莱彻发报说:"祝贺你和你的部队圆满完成任务,望能和援军扩大战果。"

★ "尼奥肖"号油船发来电报说,他们遭到了日本飞机的攻击。"西姆斯"号驱逐舰已经沉没,"尼奥肖"号油船也几次中弹,但是海曼报告:尽管油船丧失航行能力,却能一直浮着。

1. 目标，珊瑚海

在罗彻福特提供的几个消息中，尼米兹对日军4月下旬可能进攻新几内亚东部这条消息深感担心。

日军即将发动新攻势的情报，也惊动了金。为此，他破例地直接同夏威夷站罗彻福特联系。日军航空母舰部队袭击了锡兰的另一个基地亭可马里，并击沉了英国的"竞技神"号航空母舰。金要想知道无线电侦听是否发现了日军眼前和长远的作战计划。

罗彻福特查阅了他的情报资料并同参谋人员商量之后，向美国舰队总司令和太平洋舰队总司令作了四点答复：

一、日军在印度洋的作战任务已告结束，舰队正在撤回国内基地；

二、他们没有进攻澳大利亚的打算；

三、他们将很快发动攫取新几内亚东部的战斗；

四、随后他们将在太平洋地区发动更大的战斗，并将动用联合舰队大部分兵力。

尼米兹和他的参谋部暂时同意罗彻福特的4点估计，并在此基础上提出他们自己的设想。他们判断，日军为控制新几内亚东部，可能要攫取澳大利亚在珊瑚海的莫尔兹比港基地。因为从那里起飞的轰炸机不仅可以到达新几内亚,而且还可到达日军在拉包尔的基地。

关于太平洋未来的战斗,尼米兹和他的作战官做了预测和估计,日军可能进攻阿留申群岛、珍珠港或中途岛。不管日军的最终目标是哪一个,它都不可能绕过美国在中太平洋最西边的坚强前哨基地中途岛。尼米兹确定了一条基本原则,他决不为防守新几内亚而去冒险,免得将来无法对付日军在太平洋的攻势。

4月中旬,设在澳大利亚的科雷希多无线电情报站发出情报信息,日军运输船队由轻航空母舰"祥凤"号护航,在两艘参加过袭击珍珠港的老航空母舰"翔鹤"号及"瑞鹤"号作战编队的支援下,将很快进入珊瑚海。

"翔鹤"号航空母舰

当获悉日军开始把即将发动的进攻战称作MO行动计划的时候，尼米兹更加相信，日军的主要目标是莫尔兹比港。他立即断定：日军会首先拿下瓜达尔卡纳尔岛北面的图拉吉岛，用作海上预警飞机的基地；战斗可能在5月3日打响。

尼米兹和麦克阿瑟对莫尔兹比港受到威胁十分担忧。麦克阿瑟原正计划把莫尔兹比港建成一个重要基地，借以阻止日军进攻澳大利亚，并作为他重返菲律宾的出发基地。尼米兹和麦克阿瑟一致认为，制止敌军的进攻是当务之急。

目前只有200架陆基飞机，力量显然不够。为了把日军挡回去，就必然要使用航空母舰上的飞机。尼米兹命令弗莱彻指挥正在珊瑚海上执行任务"约克城"号航空母舰的第17特混舰队迅速撤至汤加塔布岛，就地进行休整，补充油料，维修保养，补充兵员，完善建制，做好充分准备，以便4月底前能返回珊瑚海，准备参加战斗。同时，尼米兹还命令驻在珍珠港的"列克星敦"号航空母舰编队向南移动，于5月1日向弗莱彻报到。

麦克阿瑟自己的小舰队是早先在澳大利亚新西兰联合防区的海军部队。麦克阿瑟也从中抽出一支增援部队，其中有克雷斯指挥的一艘美国巡洋舰，两艘澳大利亚巡洋舰，两艘驱逐舰，这些舰统归第17特混舰队指挥。

4月17日（日本时间为18日），电台侦听到东京和日本其他城市已被轰炸。由于没有提及轰炸机的来源，尼米兹设想"企业"

号航空母舰和"大黄蜂"号航空母舰没有被日军发现。哈尔西始终严格坚持无线电静默。

4月24日下午,尼米兹和他的参谋人员乘水上飞机离开珍珠港,去旧金山同金交换意见。他们的飞机25日在旧金山湾降落。金和尼米兹以及他们的随行人员住在圣弗朗西斯旅馆东北角顶层的房间。会议在旧金山联邦大厦的主会议室里召开。

进行维修保养的"约克城"号

会议的第一个议题是无线电情报问题。尼米兹在会上说，要确保美军为战胜日军而获得的宝贵情报来源不被泄露出去。第二个议题是人事问题。金和尼米兹都对弗兰克·杰克·弗莱彻的进取精神感到关切。如果哈尔西的舰队不能及时赶到珊瑚海，弗莱彻将是在场的最高将领，挫败敌人对莫尔兹比港进攻的责任必然落在他的肩上。金把白宫要将年轻人放到指挥位置上的想法做了说明，并表示支持。他说，年轻的海军军官应该安排到海上低级指挥岗位上去，根据他们做出的业绩，给予提拔的机会，对即将退休的海军将官将不再使用。

尼米兹同意美国舰队总司令和部长的看法，但他希望航行局负起任命高级军官的任务。作为前任局长，他知道华盛顿掌握的人事资料比珍珠港更可靠。他可能也意识到，在用人方面，由华盛顿去决定任免事宜，可以省去许多虽说不太麻烦却是很棘手的问题。

会议认为，航空母舰编队是对日本作战的主要手段。金和尼米兹以及与会其他军官对这个问题进行了比较充分的讨论，涉及编队组成和指挥方面的细节。会议还一致认为，当前迫在眉睫的问题是阻止敌人对珊瑚海和太平洋的进攻。

4月25日，会议正在进行时，哈尔西率"企业"号航空母舰、"大黄蜂"号航空母舰编队圆满完成任务，兴高采烈地回到珍珠港。哈尔西原想会有个充裕的假期进行休整。没想到，尼米兹只给了他5天时间用来补充兵员、油料和必需的物资。5天之后，他就出发赶往珊瑚海。

3500海里的航程，要按时赶上参加战斗，确实是不大可能。尼米兹设想，如果敌人推迟了行动计划，那么，哈尔西与弗莱彻汇合之后，哈尔西将担任作战的总指挥。

尼米兹于28日会议结束后返回珍珠港。他指示率领战列舰返回珍珠港的派伊，再率领这些军舰返回西海岸，以避开敌人。待珊瑚海局势一稳定下来，美国航空母舰和护卫舰将返回珍珠港，以应付日军可能对这一地区的袭击。尼米兹还重申，海上编队的位置一旦被敌人发现，要即刻解除无线电静默，将自己的位置报告太平洋舰队司令部，司令部将通知麦克阿瑟的飞机和拉尔夫·克里斯蒂在布里斯班基地的潜艇，设法给予最快、最好的支援。

4月30日，哈尔西率领两艘航空母舰，由5艘巡洋舰和7艘驱逐舰护航，带着两艘油船离开珍珠港。同一天，"约克城"号航空母舰、"列克星敦"号航空母舰编队在无线电静默条件下，估计已经到达珊瑚海指定的集合点。无线电通讯分析透露，日本海军正在西南太平洋机动，至少有一股敌军正向所罗门群岛机动，接到有关敌军进逼的通知后，驻守在图吉岛上的一支澳大利亚小分队开始匆忙出动。

30日这天，尼米兹在他召开的会议上讨论了敌军在太平洋的新动向，并着重指出，如果敌军在瓦胡岛进行一次小的进犯，那倒是一件好事。那时华盛顿或许会设法加强珍珠港只有少得可怜的16

架"B-17"式轰炸机来保护珍珠港。然而,尼米兹倾向于相信日军即将在太平洋开始的行动,目标不是珍珠港而是中途岛。于是在5月1日,尽管珊瑚海之战迫在眉睫之时,他只身飞到1135海里以外的中途岛,亲自视察那里的防御工事,于5月3日返回珍珠港。

在他外出视察期间,驻在布里斯班的麦克阿瑟的司令部来电称:从澳大利亚基地起飞的一架搜索机发现,日军运输船在图拉吉岛卸下部队,附近还有几艘日军舰只。第二天早上,敏感的盟军电台收

飞行中的两架"B-17"式轰炸机

到日军图拉吉岛上新任职的基地司令发出求援的一份电报,说他遭到了空袭。

尼米兹猜想,袭击图拉吉岛上日军基地的飞机是从弗莱彻的一艘或两艘航空母舰上起飞的。这个猜想,在第二天下午得到弗莱彻本人的证实。由于这次袭击向敌人暴露了他的存在和大概位置,于是他给太平洋舰队发了电报。

弗莱彻的舰队在海上发现了日军——日本机动部队是从特鲁克基地来的,这个基地的重要性和永备性同珍珠港不相上下。这两支机动部队都以航空母舰为核心,至少有4到5艘大型新航空母舰,其中一支规模比较小的机动部队(这支机动部队的编成是"祥凤"号航空母舰、4艘重型巡洋舰和一艘驱逐舰)像一把尖刀从特鲁克南下,直插新几内亚的东南角和路易西亚德群岛之间,进入珊瑚海的唯一深水通道——乔马德水道。谁要是不能控制这条通道,就必须让他的运输舰、供应舰和增援部队绕过珊瑚环绕的路易西亚德群岛,至少要多走700海里航程。

但是,为了干净利落地解决问题,日本人并没有光倚靠这第一把尖刀。他们派了第二支机动部队,朝着东南绕了大半个圈,从所罗门群岛和新赫布里底群岛之间进入了珊瑚海,然后从南面转回来驶向西北方的乔马德水道。这支规模很大的部队的编成是:"翔鹤"号航空母舰、"瑞鹤"号航空母舰,3艘重型巡洋舰和6艘驱逐舰。

这两支利箭是为了给进攻部队扫清并保护道路的。它们集结在

"祥凤"号轻型航空母舰

两处，一处是在乔马德水道北边不远的德博伊纳群岛，另一处是英属所罗门群岛的佛罗里达岛的图拉吉港，两处都常驻有一些巡洋舰和驱逐舰、水上飞机母舰、运输舰、运兵船、供应舰以及舰队辅助舰船。

这时，以"列克星敦"号航空母舰为首的舰队的指挥权已经由威尔逊·布郎移交给奥布里·菲奇，由"列克星敦"号航空母舰、几艘巡洋舰和驱逐舰组成的舰队已经同弗兰克·弗莱彻指挥的由"约克城"号航空母舰为首组成的舰队合并，弗莱彻担任整个航空母舰攻击舰队的总指挥。"列克星敦"号航空母舰和"约克城"号航空母舰于4月30日正式和编，组成第17特混舰队。

★海战前日军兵力部署

总指挥井上成美,司令部设在特鲁克,主要兵力有两支:

一是直接掩护部队。编成由轻型航空母舰"祥凤"号航空母舰、4艘"青叶"号重巡洋舰、"加古"号重巡洋舰、"衣笠"号重巡洋舰、"古鹰"号重巡洋舰,及1艘驱逐舰组成,由后藤有公指挥。任务是搭载着陆军南海支队从拉包尔出发,首先支援图拉吉登陆作战,尔后转而西进,前去支援莫尔兹比的登陆作战。

二是机动部队。编成由第5航空母舰战队的2艘大型航空母舰"瑞鹤"号航空母舰、"翔鹤"号航空母舰和第5战队"妙高"号重巡洋舰、"羽黑"号重巡洋舰和"足柄"号重巡洋舰及6艘驱逐舰组成。由高木武雄指挥,航空母舰的航空兵作战由原忠一指挥。任务是从特鲁克岛出发,支援莫尔兹比港登陆作战。此外,还有驻在拉包尔的90余架陆基攻击机。

2. 轰炸图拉吉

5月3日下午,这支由两艘航空母舰组成的美军部队正在向北面的所罗门群岛前进,一架远方侦察机发现图拉吉港集结有敌人舰只。当时,美军既不知道日本有两支机动部队正在途中,也不知道日本的入侵舰队要在哪里集结。

第一份无线电报告是这样的："呼叫航空母舰，敌舰只在图拉吉港集结。"

那架侦察机在发这份报告时使用了大功率远程发射机，即使日本人发现了他并将其击落，他的任务也算完成了。但是，日本人没能击落他。这位飞行员谨慎地进行了观察，成功地利用这个地区天空中终日不散的浓积云作掩护。结果，日本人没发现他，因此，对美军航空母舰已经到达附近也一无所知。

那天黄昏时，这位飞行员返回航空母舰。他首先向他的直接上司作了详细报告，之后又直接向弗莱彻做了汇报。最后一线微弱的暮光刚一消失，整个舰队改变航向，高速驶往佛罗里达岛。这就向小舰队中的每一个人表明：他们要去缠住敌人，跟敌人打仗。

晚上草草吃了晚饭，勤务兵刚把盘子收掉就召开所有飞行中队飞行员会议。会上首先让飞行员了解所罗门群岛尤其是图拉吉港的特点。美国海军部海道测量局出版的《太平洋岛屿航海指南》第一卷上这样写道：

所罗门群岛位于新赫布里底群岛和俾斯麦群岛之间，自西北到东南长600海里，宽100海里。由两列山峦重重的岛屿组成，其中瓜达尔卡纳尔岛的高度为2450米，布干维尔岛是3000米。另外，还有许多小岛和小珊瑚岛。从外表上看，这些岛屿具有许多相似的特点，高耸的山脉大部分地方覆盖着茂密的森林和树丛，到处草木

两位整装待命的美军飞行员

丛生，山坡缓缓伸向海岸，岸边长满了红树。大一些的岛上溪流纵横。溪流入海口、沼泽以及荒无人烟的珊瑚小岛的沙滩上鳄鱼成群。有些岛屿完全由火山岩构成，其余的是石灰岩，也有许多是二者混合结构的。

在这本标准的海员参考书中，对佛罗里达岛是这样写的：

这是位于马莱塔岛西面一群火山岛中最大的一个岛，海拔407米，岛上森林覆盖，个别不长树的地方有大片的茅草。这里地貌复杂，有高耸的山峰和盘绕的山峦，同其他岛屿形成了鲜明的对照。

佛罗里达岛由两个岛组成，呈西北西方向，共长约22海里，中间隔着一条狭窄的海峡叫尤塔哈水道。奥列乌加、布埃纳、维斯塔和其他几个小岛在佛罗里达岛的西北面。佛罗里达岛东端距瓜达尔卡纳尔岛北端约13海里，中间有众多的浅滩和礁石。在这片危险的海域有三条深峡：尼拉、西拉克和兰格海峡。

图拉吉港以西没有水中障碍，离岸3海里的深度为183米，到瓜达尔卡纳尔岛的平均深度为365米到730米。图拉吉港位于佛罗里达岛南岸中部，是英属所罗门群岛保护领地的政府机关所在地。岛上人口众多，土著居民是温和的，但是懒惰。

图拉吉只是一个小小的殖民地，大不列颠的唯一代表是一位常驻的行政长官和十来个土人警察。岛上没有设防，唯一的设施是那座小码头，每隔6个星期从悉尼开来一艘小轮船，给居住在所罗门群岛的三四百白人运来用品,再把从各种植园收集来的椰子运走。几天前日本人进驻那里,没有遇到任何抵抗。

所有这些情况都向飞行员作了介绍,还有这个港口和周围岛屿的照片。他们的注意力集中到瓜达尔卡纳尔岛,因为按着攻击计划必须飞越这个岛。介绍情况时还提到,瓜达尔卡纳尔岛长70海里,东西宽50海里,岛上山高林密,最高峰达1800多米。北岸有12到14个规模很大的椰子种植园,大部分归海外公司所有,只常驻有一个白人管理员。

弗莱彻提议,航空母舰在夜里靠近瓜达尔卡纳尔岛。一艘靠近岸边,飞机从那里起飞攻击图拉吉港。另一艘留在海上,其各飞

日军"零"式水上侦察机

行中队作为增援部队，主要是防备这一地区的日本舰载机从背后偷袭。飞行员必须钻出群山，扑向日本人，这样在离该港12海里以前可以利用山峰隐蔽。

美军侦察机飞行员查明该港内有15艘舰只。他报告说，有3艘巡洋舰，几艘驱逐舰和其他各类舰只。

全体会议结束后，各飞行中队又召开自己的会议。规定了时间、方向、飞行速度以及燃油和携带的弹药，并告诉每一个人航空母舰在黎明时进入起飞位置，建议大家早睡觉。年轻的飞行员们知道明晨他们必须进入最佳状态，因此都平静下来，进入梦乡。

5月4日离黎明还有很长时间，舰上所有人就被战斗警报声和集合号声叫醒了，立即进入了战位。

看不到一点陆地，军舰在星光闪烁的大海上疾驰。机组人员已经开始暖机，飞行员们有的在待机室里准备装具，有的在军官会议室用早点。

"我们正在向瓜达尔卡纳尔靠近。"飞行员们接到这样的通知，"从你们起飞的位置算起，向正北飞120海里才到图拉吉港。不要忘记瓜达尔卡纳尔那些山峰的高度，当你们接近这些山峰的时候还是黑天，要留够间隔。"

6点15分，攻击部队起飞。第一批是18架"道格拉斯SBD"式侦察轰炸机，紧跟着起飞的是同样数量的"道格拉斯SBD"式俯冲轰炸机，每架携带一颗重达450公斤的炸弹。侦察轰炸机起飞后不到几分钟,最后一批飞机起飞,它们是18架"道格拉斯TBD"式鱼雷机,这种3座飞机每架携带一条533毫米鱼雷,差不多有900公斤。

侦察机队分散开,对佛罗里达岛、瓜达尔卡纳尔岛和马莱塔岛周围海面实行50海里全方向快速巡逻,并不接近图拉吉港。这样做是为了防备在夜里可能有敌人航空母舰窜到这个区域来。

侦察机队没有发现敌情,它们折回来,在接近图拉吉时,在4500米高度同俯冲轰炸机队会合。每架侦察机携带一颗225公斤炸弹,它们在完成侦察任务后就变成了轻型俯冲轰炸机,这种飞机在

一架架"无畏"式俯冲轰炸机停在"列克星敦"号甲板上

许多方面同比它大的俯冲轰炸机是一样的。

鱼雷机吃力地飞过瓜达尔卡纳尔岛上1800米高的山峰。当第一缕阳光洒在鱼雷机的机翼上时,它们正在飞越森林峡谷和石质高原。之后,按下机头,尖叫着向海面冲去,在发射鱼雷之前进入适当位置。当它们掠过瓜达尔卡纳尔岛和图拉吉港之间的12海里宽的海峡到达图拉吉港上空时,俯冲轰炸机队也刚刚到达。

俯冲轰炸机队长威廉·伯奇在攻击开始时,用指挥电台对鱼雷机说:"你们从低空打,我们从高空打。"

日本人没有料到这次攻击,甚至连高炮炮位上都没有人。海上

日军25毫米双联装高炮

传来的低沉的马达声和第一架俯冲轰炸机刺耳的尖叫声,才使日本人如梦初醒。

据执行任务的轰炸机飞行员回忆说,此次偷袭实在是完美。

"我们发现,这个港是个忙碌的地方。"一名俯冲轰炸机飞行员回忆道,"那里从巡洋舰到小筏子应有尽有。驳船正在从运兵船上往岸上运部队和装备。有一艘运兵船至少有20000吨,别的也有6000到8000吨。"

从5000多米高度开始俯冲之前,各中队长已给自己的飞行员分配了具体目标。1艘大型运输舰、3艘巡洋舰(其中一艘是重巡洋舰)、3艘驱逐舰和旁边的一艘水上飞机母舰,还有一艘单独停泊的驱逐舰,都是主要攻击目标。

"我们开始俯冲。"一个飞行员说,"没有一门炮开火,这就更便于抓住目标了。唯一讨厌的是,在穿过一个暖气层时我的瞄准镜上结了一层雾,即便如此我们也要炸中目标。我们一直俯冲到离海面只有300米才投弹,没等一门炮开火我们就脱离了。"

"最后我看到整个港口被我们搅得一塌糊涂。到处是大股的浓烟、水柱和碎片,巨大的爆炸都把我们的引擎声湮没了。

"在我离开的时候,鱼雷机从低空飞来,成扇面展开。整个港口内都可以看到白色的雷迹。我看到,有一艘船中了两枚鱼雷,强烈的爆炸和掀起的海水完全把这艘船盖住了。还有两枚鱼雷没有击中目标,碰到海滩上爆炸了。整个港口成了一座地狱,日本人四散逃命，寻找藏身的地方。

"至少有两颗重磅炸弹落到那艘重巡洋舰的甲板上。火柱窜到空中，高达70米，那艘军舰被震得摇摇晃晃，立即开始下沉。炸弹在一批小船中间爆炸，驳船被抛到空中，船员被掀到海里，木壳小船被震得粉碎。

"鱼雷命中了集聚在一块的那艘水上飞机母舰和那3艘驱逐舰。硝烟刚散，一艘驱逐舰已经沉入海底，另一艘翻了个，那艘水上飞机母舰的情况看来也不妙。"

第一波轰炸后，飞行员们把炸弹、鱼雷和子弹用光后，各中队又编成编队，发现一架飞机不少。

第二波起飞20分钟后，俯冲轰炸机中队长向航空母舰呼叫说："要是你们看到这个港口该多好。第一次攻击受伤的船只现在有的沉了，有的抢了滩，还在燃烧呢。水上飞机母舰和那几艘驱逐舰都不见了，沉了。一艘巡洋舰和一艘运输舰正在逃跑，我们去收拾它们。"

飞机在海港的出口处抓住了这两艘敌舰。十多位飞行员都亲眼看到那艘运输舰中了弹，有的重磅炸弹在它旁边的水里爆炸了，它转眼就沉没了。那艘巡洋舰尾部中弹，停了下来，也沉了。

第二波返回航空母舰以后，飞行员们认为他们的任务还没有完成。报告说，还有几艘日本船在港内没有击沉。他们吃午饭的时候，飞机做好了那天第3次行动的准备。15点30分，18架俯冲轰炸机起飞，最后把这次攻击任务完成。这次，首次使用了各由两架飞机组成的两组战斗机担任护航，没有派出鱼雷机。

6架轰炸机在港口外不远的地方抓住了一艘负伤的巡洋舰，把它击沉了。另外12架俯冲轰炸了3艘显然已经受伤的舰只，但是并不是所有飞行员都认为把炸弹全用在这里是必要的。他们搜索了海岸，在离海面不到20米的高度绕着港口飞，为他们的炸弹寻找目标，但此时炸弹比目标还多。

★ **美军兵力部署**

总指挥法兰克·杰克·弗莱彻，麾下第17特混编队兵力部署是：

突击大队，编成由5艘巡洋舰（"明尼阿波利斯"号巡洋舰、"新奥尔良"号巡洋舰、"阿斯托尼亚"号巡洋舰、"切斯特"号巡洋舰、"波特兰"号巡洋舰）和5艘驱逐舰（"费尔普斯"号驱逐舰、"杜威"号驱逐舰、"法拉格特"号驱逐舰、"艾尔温"号驱逐舰、"莫纳根"号驱逐舰）组成，由金凯德指挥。支援大队，编成由3艘巡洋舰（"澳大利亚"号巡洋舰、"芝加哥"号巡洋舰、"霍巴特"号巡洋舰）和2艘驱逐舰（"帕金斯"号驱逐舰、"沃尔克"号驱逐舰）组成，由克雷斯指挥。"列克星敦"号航空母舰特混大队，编成由2艘航空母舰（"列克星敦号"航空母舰舰长弗雷德里克·谢尔曼，"约克城"号舰长艾略特·布克马斯特海军上校）和

4艘驱逐舰（"莫里斯"号驱逐舰、"安德森"号驱逐舰、"汉曼"号驱逐舰、"拉塞尔"号驱逐舰）组成，由奥布里·菲奇指挥。突击大队和支援大队的巡洋舰和驱逐舰为两艘航空母舰组成环形警戒幕。

3. 乌龙遭遇战

战斗机飞行员发现，在空中有3架日本双翼水上战斗机。他们很快将其击落，然后为他们携带的子弹继续寻找目标。他们飞到海上，发现一艘驱逐舰拼命逃跑。战斗机在近距离内朝驱逐舰的鱼雷发射器开火，试图使驱逐舰丧失战斗力。飞行员们认为达到目的后，开始抵近向船身开火。他们看到高强度穿甲子弹穿透了单薄的船壳和甲板；接着有条不紊地扫射军舰的锅炉和主机，以图彻底把它摧毁。

立竿见影的攻击使颠簸的驱逐舰速度减慢了。蒸汽和浓烟不断从舱口往外冒，子弹把船身穿了许多小洞，燃油从这些小洞外流。

飞机返回了航空母舰，但没有全回来。有两架战斗机看到了一架参加上第一次袭击的鱼雷机，就尾随着它飞，油箱空了以后才知道到这架鱼雷机迷航了，就这样，丢掉了3架飞机。

黄昏前，由麦卡斯基和他的同伴驾驶的两架战斗机飞到了瓜达尔卡纳尔岛。他们在无线电里报告说准备在南岸迫降。他们把飞机降在受到海浪冲刷的一块宽阔的海滩上，那里布满了卵石。为了减小震动，他们把起落架只放下一半，又扎紧了安全带，以最慢的速度降落在浅水沙滩上。

麦卡斯基谈到这次经历时说："我们能出来。谁也没有受伤。我们爬出飞机，蹚水上岸。这时才发现被土人包围了。他们只围着围腰，拿着人股骨做的刀和石斧，情况似乎不妙。但是，他们很友好。天黑了，我们想点一堆火，给可能前来援救我们的驱逐舰发信号，但没法和土人交谈，只好用手势让他们明白我们的意思。"

"我们打开一副降落伞，在靠海的一边用伞布把火遮住，用这

日军双翼水上战斗机

种办法发莫尔斯电码信号。"麦卡斯基接着说。"不一会儿,一艘我们的驱逐舰小心翼翼地接近海湾,放下了一只摩托艇。"

"把我们的飞机毁掉可真是件棘手的工作。我们用机枪扫射,想把油箱点燃,但油箱干了。最后,我们把电台和其他设备拆下来,用石头砸碎,把机枪的机件拆下来拿走,把轻机枪剩下的全部子弹都打在飞机上。"

"我们比较满意,因为日本人从它们身上找不到一点有价值的东西。我们又把飞机的残骸碎片随意送给了土人,他们高兴极了。飞机上的金属都有用,每一片都可以做刀子、钩子、枪尖和其他用场。这些东西对他们来说是宝贝,我们知道,潮水会把剩下的东西全部冲坏的。"

有几条狭窄的通道可使飞行员们穿过大浪到达驱逐舰放下的那条小艇上,他们都上了小艇。麦卡斯基上艇后又顺着一条绳子回到岸上,想再把飞机破坏得更厉害一些,但在黑暗中那根绳子缠在岩石上,他险些被淹死,好不容易才解脱了绳子,游到岸边。另外一个人又拿了一根绳子回到岸上,他俩是一起回到小艇上的。

那架鱼雷机的飞行员是埃沃尔特。他在燃油烧完后也在瓜达尔卡纳尔岛附近的海上迫降了。他同战斗机失去联系,用无线电告诉航空母舰,说他离岸上有几海里远。那天夜里,驱逐舰救起了麦卡斯基和他的同伴,但没有找到埃沃尔特及他的机组人员。

战斗结束以后,弗莱彻带着两艘航空母舰绕道转南,驶离了图

第三章 剑指珊瑚海

拉吉。他在电报报告中说明"敌人的重大损失:击沉 2 艘驱逐舰、4 艘拖船或炮艇、1 艘货船;击中 1 艘轻巡洋舰;击毁并可能击沉 1 艘 9000 吨级的水上飞机供应船和 1 艘大型供应船;重创 1 艘大型巡洋舰、1 艘运输船;击落 5 架水上飞机。"

美国人首先打击了日军,从而揭开了珊瑚海之战的序幕。尼米兹高兴地从珍珠港给弗莱彻发报说:"祝贺你和你的部队圆满完成任务,望能和援军扩大战果。"

尼米兹的"祝贺"已被证明为时过早。后来,他对所谓的图拉吉战斗重新作了评价:"从消耗的弹药和取得的战果来比,这场战斗肯定是令人失望的。"对于穿过了瓜达卡纳尔上空云层的美国俯冲轰炸机和"野猫"式战斗机来说,条件是非常理想的。但是,飞行员未能协同攻击,而且,当他们从 5200 米的冷空俯冲到潮湿的低空时,挡风玻璃上的雾气妨碍他们看清目标。只有一艘驱逐舰、一艘布雷艇和一条运兵船被击沉。

不过,这次突然袭击确实迫使日本登陆部队撤走。

珍珠港的最新情报表明,用两艘航空母舰提供空中掩护的入侵莫尔兹比港的部队,将于第二天穿过卢伊西亚德群岛。弗莱彻于是向西直驶珊瑚海,在乔马德航道设下埋伏。

正午时分,莫尔兹比港的空中巡逻机,发现日军一队运输船通过同一海峡。前面是 MO 入侵行动的先头部队,前往巴布亚顶端附近建立的一个水上飞机前进基地。麦克阿瑟的司令部由于疏忽,没

"野猫"式战斗机

　　有将入侵舰队中还有一艘轻型航空母舰的消息通知第11特遣舰队。弗莱彻也不知道他在那天下午已被一架到处搜索的日本水上飞机发现了。

　　不是一艘,而是两艘敌人航空母舰正前往截击入侵莫尔兹比港的日本船队的消息,在澳大利亚拉包尔井上成美的司令部里几乎引起了恐慌。司令部紧急命令运输船停止前进,高木武雄的航空母舰和后藤的重型巡洋舰则对付美国人。

　　对弗莱彻来说,幸运的是日本突击部队在当天下午才收到警

第三章 剑指珊瑚海

报。高木武雄正在瓜达尔卡纳尔以南加油,等到他准备好了,将距离缩小到可以发动空袭的时候,他的飞机碰到了厚厚的云雾。于是,他决定继续加油,待黎明再去追逐。

假若弗莱彻在5月6日晚上就已知道他和敌人舰队之间相隔还不到85海里,他在黎明时将特遣舰队兵分两路时就会更加犹豫了。他根据作战计划,派遣克雷斯往西守卫卢伊西亚德群岛的南面出口,他的主力舰队则向北行驶,封锁乔马德航道。

5月6日对于美国人和菲律宾人都是一个沉痛的日子。被麦克阿瑟留在科雷希多指挥部队的乔纳森·温莱特,最后被迫同处于半饥饿状态并被围困的部队一起向日军投降,从而使整个菲律宾群岛陷入日军之手。瓦胡岛海军广播电台收到温莱特给罗斯福总统的电报:"……怀着万分遗憾的心情和对我的勇敢部队的骄傲,我去会见日军指挥官。总统先生,再见。"

5月7日晨,一架日军搜索机在珊瑚海上空,用报话机进行新的联络。报告用的是日军规定的军语:"Te-Te-Te(意即敌人);Bo-Bo-Bo(航空母舰);Jun-Jun-Jun(巡洋舰)"。高木武雄舰队的航空母舰司令原忠一,决定集中力量继续搜索南面的美国特遣舰队。他的搜索在早上7点30分过后不久就有了结果,一架侦察机报告发现了一艘航空母舰和一艘巡洋舰。估计这必定是敌人的特遣舰队,"翔鹤"号航空母舰和"瑞鹤"号航空母舰舰载机全部出动发起袭击。

乔纳森·温莱特

当日本飞行员飞到这艘舰的上空时，他们才扫兴地发现，原来报告的一艘航空母舰却是一条油船，那艘巡洋舰其实不过是一艘驱逐舰。"尼奥肖"号油船和护卫它的"西姆斯"号驱逐舰，奉弗莱彻之命稳稳等候在舰队的尾部。为了寻找特遣舰队的主力，发动袭击的敌机飞走了。它们在正午时又飞回来了，要解决这两艘美国舰船。"西姆斯"号的炮手好不容易将第一批攻击机挡开了几分钟，接着3队俯冲轰炸机同时呼啸着俯冲下来，用炸弹将它炸成两截。这艘驱逐舰不到一分钟就沉没了。

"尼奥肖"号油船中了7颗炸弹，还有许多炸弹扔在它的周围，溅起一道道水柱，这艘油船着火了。日本飞行员相信它很快就要沉没。然而，消防队员扑灭了火焰，油船好不容易漂浮了4天，最后被一艘营救的驱逐舰发现。"西姆斯"号驱逐舰上的幸存者靠救生圈苦熬了10天，在这场折磨中，只有68人活了下来。

"列克星敦"号航空母舰上的记者写道：

在珊瑚海机动航行时，我们碰到了"尼奥肖"号油船，这是给海军制造的一艘大型新油轮。它是根据1938年5月国会法案和其他类似船只一起被批准建造的，1939年4月下水，同年8月7日服役。这艘油船长168米，排水量25000千吨，舰长是约翰·S·菲利普，舰员也是海军人员。油船上的工作基本上是非战斗性的，但又是战时海军舰队中最危险的工作。远程海上活动依靠这种油船在海上为舰队加油，使作战舰只长期留在战区。

敌人是深知这一点的，因此油船总是首要的目标。而且，为舰队提供燃油的油船又必须经常在没有护航的情况下穿洋跨海，有时只有很弱的护航兵力。最糟糕的是，它们必须像"尼奥肖"号油船这样，深入到海上的"无人地带"，那里随时都有敌人出没。

这次，"尼奥肖"号油船有"西姆斯"号驱逐舰为它护航。"西姆斯"号驱逐舰排水量1570吨，1938年8月服役。这艘小舰是以已故美海军将军威廉·所顿·西姆斯命名的（他从1917年4月到第一次世界大战结束指挥了美国海军部队在欧洲海域的作战活动）。"西姆斯"号驱逐舰的舰长是海曼。

我是5月5日清晨见到"尼奥肖"号油船的。那天黎明时分，第一批侦察机起飞时，我头顶上飞行甲板上的那块钢板发出的当啷、当啷的响声把我吵醒，我从床铺上起来。我来到飞行甲板的时候，天已经大亮。"尼奥肖"号油船靠上"列克星敦"号航空母舰，已经开始送邮件和输油。整个小舰队由通常20节的航速降下来，等着以"约克城"号航空母舰为首的舰队同我们会合。

还有一艘油船在旁边，等着弗莱彻的旗舰"约克城"号航空

为"列克星敦"号进行海上补给的"尼奥肖"号油船

母舰来到后给它加油。新来的舰只进出我们这只舰队是司空见惯的事,但这天早上我发现,除了那两艘油船外,还有两艘澳大利亚巡洋舰也悄悄加入进来。

★ **决战珊瑚海**

在日本看来,美国的经济潜力虽大,但转入战时规定还需要一个过程,预计美国1943年夏季才可能组织反攻,而日本完全有时间进一步推进战线,扩大防御圈。控制澳大利亚就是这一战略的反映。日本陆军、海军一致认为,澳大利亚将是英美借以反攻的最大据点,但由于深陷于中国,日本陆军根本无力出兵登陆澳大利亚,

第三章 剑指珊瑚海

可行的选择将是切断其与珍珠港的联系。1942年2月初，日军占领了澳大利亚东北俾斯麦群岛的拉包尔基地，3月初占领了新几内亚的莱城、萨拉莫阿。按计划随后即应对图拉吉和新几内亚东部的莫尔兹比港实施登陆。

4月30日，日本海军大举南下，横于夏威夷和新几内亚群岛之间，伺机消灭盟军水面舰只，登陆掩护编队由"祥凤"号轻型航空母舰、8艘巡洋舰、6艘驱逐舰组成。作为攻占莫尔兹比港的先头行动，从拉包尔出发的先遣登陆部队在"祥凤"号航空母舰舰载机的掩护下于5月3日未遇到抵抗占领了小岛图拉吉。随后，5月4日，登陆部队主力从拉包尔乘14艘运兵船在6艘驱逐舰和1艘巡洋舰的掩护下浩浩荡荡驶向莫尔兹比港。

从"约克城"号上拍摄到的"列克星敦"号

完成图拉吉登陆掩护的"祥凤"号航空母舰及掩护舰只向西航行准备与登陆部队会合,同时机动部队第5航空战队进驻珊瑚海。但实际上,前来迎击的美军特混舰队已进入珊瑚海,只等日本人前来。

4."尼奥肖"号油船被击沉

"列克星敦"号航空母舰上的随军记者记录了"尼奥肖"号油轮被击沉的全过程:

"尼奥肖"号油船的到达意味着又有机会往家里寄东西。我同"列克星敦"号航空母舰上的其他人一样,抓住这个机会,寄了一批关于最新战况的报道。我的报道作为机密邮件寄给珍珠港的海军保密检察官。当然,每逢有机会我都把报道发给我的报社。尽管我身为记者中的一分子,有许多方便条件,但凡事总没有十全十美的时候。我必须把我的报道寄给海军,但不知保密检察官们如何对待它们,是三下五除二地砍掉,还是原封不动地通过。事实上,我一点儿也不清楚它们是否全都到了珍珠港,或是到了本土。

我一直习惯于坐在我的办公室里发新闻稿,此时一下子来到海上,发现自己与世完全隔绝,这是很难熬的,我甚至连续好几个钟头责怪自己。然而,不论报道要走多少时间才能到达目的地,还是要邮的。整个事情好的一面是这个舰队的舰只再没有别的记者了,因此不会有人同我抢新闻。

我没有太注意"尼奥肖"号油船。首先是,那天早上我几乎都忙于写作了,再就是"尼奥肖"号油轮离我们太远,就是油管联在一起时同他们的军官或舰员讲话也得用麦克风。当然,从我们的舰桥到他们的舰桥有电话联系,但那只用于公务。我们懒洋洋地看着他们的舰员在甲板上活动,不住地检查输油软管接头,不让它松动,有的则在船上的高射炮位上工作。还有的在刷洗甲板和刷漆,这是所有海军舰只在海上干的一件没完没了的苦差事。许多人光着

美海军战斗机群飞过自己航空母舰上空

"尼奥肖"号油船

膀子,边工作边晒太阳。

当"尼奥肖"号油船最后开走去给舰队的其他舰只加油的时候,我们谁也不知道这些舰员在不久的将来会遭到什么样的命运。

"西姆斯"号驱逐舰同我们的攻击部队在一起待了两天,那天下午晚些时候,"尼奥肖"号油船宽大船身里的油舱抽干了,这两艘舰船离开了舰队,向东南方向驶去。从那时开始,他们就单独行动了,不再同我们的航空母舰部队发生联系。在珊瑚海的作战中也不会有他们的一分子。它们驶往本土,说不定舰员还能在到达后上岸休个短假呢。

之后,我们是在5月7日上午听到他们的消息的。"尼奥肖"号油船发来电报说,他们遭到了日本飞机的攻击。"西姆斯"号驱

第三章 剑指珊瑚海

逐舰已经沉没,"尼奥肖"号油船也几次中弹,但是海曼报告说尽管油船丧失航行能力,却能一直浮着。攻击地点离我们有几百海里,因为我们分开后"尼奥肖"号油船向东而我们是向西。他们是离开我们36小时之后遇难的。

更多的电报接踵而来。我们知道日本飞机是从一艘航空母舰上起飞的,可能就是来自日本第二支机动部队3艘航空母舰中的某一艘——它们是从特鲁克来的,在我们之后进入珊瑚海。

看来一颗炸弹正好落在"西姆斯"号驱逐舰的鸭尾艄(在后甲板)上,它很快就沉掉了。"尼奥肖"号油船尽管几次被炸弹和鱼雷击中。由于它的油舱是空的,没有打穿的油舱具有密封舱一样的浮力,它仍然浮在水面,而且这艘被抛弃的船还设法救起了一些"西姆斯"号驱逐舰上的幸存者,其余的人乘着没有动力的筏子在海面随波逐流。

为"尼奥肖"号油船护航的"西姆斯"号驱逐舰

他们沉没的位置离我们很远，海军只好从另外一个离他们较近的地区派了一艘军舰前去援救，救起了仍然浮着的破船上的所有的人，接着把"尼奥肖"号油船的残骸击沉了，又对这里的大片海域进行了搜索，寻找"西姆斯"号驱逐舰的那些筏子，但我没听说到底有多少人得救。

从技术上讲，我想，这两艘舰船是在珊瑚海海战中损失的，但实际上他们沉没的地方离我们很远，而且不是在我们飞机的眼皮底下或是我们的保护下丢掉的。

5日上午，晴空万里，只是在我们头顶几千米的高空偶尔有几片云朵。到了下午，乌云连成一片，使我们在这个纬度执行侦察任务比平日更加困难了。"约克城"号航空母舰正前来同我们会合。我们的侦察机必须为这两艘航空母舰提供一个范围很广的保护伞。

突然，我们从"列克星敦"号航空母舰的无线电里听到"约克城"号航空母舰战斗机中队长弗拉特利的声音。他正在呼叫自己的航空母舰，报告发现了敌人。几秒钟后，我们又听到飞机的声音，识别出那是一架日本"川西"式四引擎水上飞机。弗拉特利的飞机和日本水上飞机我们都看不到，它们都在云上。

这时，只听"列克星敦"号航空母舰的控制与报知站军官吉尔插话问弗拉特利："那架'川西'式飞机在哪儿？"

吉尔所以问这个问题是他想引导自己的战斗机去打那架日本飞机。

第三章　剑指珊瑚海

"等一下，我就告诉你。"弗拉特利回答。

我当时在战斗机控制室里，听到这些对话我就顺着扶梯跑到信号台上看热闹。我们知道，这场战斗是要在头顶上发生的，飞行甲板上和舰桥上的人都瞪着眼睛想看这场战斗。大约过了一分钟，除了无边的云底以外，什么也没看见。

突然云层里白光一闪，出现了一个火球，它越来越大，最后从云中掉下一架大飞机，像一把燃烧的火炬发疯一样的向下栽。它几乎在舰队队形的中心扎进海里，立即爆炸了，只见火光一闪，海面上腾起了一道巨大的黑色烟柱。吉米在对话机中说他打中了，他给全舰队的人作了实战表演。

这一切都发生在一刹那之间，甚至我们谁也没有意识到眼看着12个日本人悲惨地死去。他们的飞机有桩怪事。当他们坠毁时，你只会感到是一架飞机完蛋了，里面没有人。这次，也没有一个机组人员想跳伞。更出奇的是，整个这次海战中，我们的飞行员一次也没看到日本飞行员跳伞。

我们多次推测，日本的舰载战斗机可能不带降落伞。我们知道，他们的岸基飞机有降落伞，因为我们看到过日本陆军飞行员列队准备起飞的照片，这些家伙的确背着伞包。有的飞行员猜测说："可能不给他们降落伞，怕他们被俘，供出军事情报。"另一个年青的海军少尉推测说："我们知道，要是他们想做的话，就用丝去织了。说不定他们把丝运到德国换引擎和飞机了，再不就是在战争爆发之前都卖给我们了。"

那架"川西"式战斗机刚栽到海里。过了一分钟，我听到我们自己的战斗机中队的诺埃尔·盖勒呼叫弗拉特利。他说："吉米，那家伙差点掉到我头上。我正在云层里爬高，那个大火球从我跟前擦过去，我半晌都没弄明白是啥东西。"

"这回你该明白了吧，别在我下面飞。有日本飞机的地方，那可危险。我下面总有日本飞机往下掉。"吉米答道。

后来，在舰上的盖勒对我说："你想象不到，当时可把我吓坏了。我正在云里爬高，那架着火的'川西'式战斗机从我跟前唰地擦过，把我吓得目瞪口呆。我还没辨认出是啥东西，这家伙就没影了，但我可以告诉你，可把我吓了一跳。"

尽管盖勒没有讲，但这的确是一件玄乎的事。要是真被那架日本水上飞机撞上，盖勒的飞机就完蛋了。

通常，晚饭后总有一些军官聚在一张大的太平洋地图前（这张大地图盖住了军官会议室的一头），讨论对日本作战的各种方法、可能性和前景。这几乎成了晚上的话题，差不多每个不下棋、不打桥牌或不玩"阿西杜西"的人都来插上几句。

主要的问题总是："我们怎样才能打上日本鬼子？"总是会提出大量的主意，有同意的，有反对的，争论不休。当然，我们谁都不知道高级司令部的意图，也不知道有多少兵力和武器，但有几个因素是人人明白的，我们知道日本人在哪儿，也知道要把他们挖掉会

"川西"式战斗机

碰到的问题。

日本人的主要基地是中太平洋的特鲁克岛。它在吉尔伯特群岛和马绍尔群岛等一长串岛屿的保护下阻止美军从夏威夷向前推进,从这里向北是威克岛、南鸟岛,一直到东京。他们已经向南推进了,正忙于把拉包尔改造成保护特鲁克的南部堡垒。他们向所罗门推进为南下进行掩护的企图已经由于我们袭击图拉吉而暂时被粉碎了。但是,全舰没有一个人被这一现象迷惑,都认为这只不过是日本人暂时受挫而已。

日本占领的莱城和萨拉莫阿不仅是进攻澳大利亚的前进基地,还是保护拉包尔的前哨阵地。日本人用飞机把这些相距很远的岛屿连成了一条有力的锁链，妄图阻止我们的任何行动。

从南面直接攻击特鲁克，只能遭到来自马绍尔群岛或是拉包尔的岸基飞机和潜艇的侧翼攻击。

在这些非正式的没完没了的讨论中，许多人同意我的见解，那就是拉包尔是个要塞，要打破这条锁链第一步就要夺取拉包尔。如果攻占了拉包尔，就能：一、提供一个对特鲁克作战的前进基地；二、扫除新几内亚地区的敌人。大家一致认为，莱城和萨拉莫阿只是拉包尔的卫星基地，拉包尔一陷落，它们就不攻自破，日本人在那里的部队会自动撤走。

拿下拉包尔，下一步就是包围特鲁克了。拉包尔之举一旦成功，吉尔伯特群岛和马绍尔群岛的给养也就随着被掐断，那里的敌人就成了瓮中之鳖；威克岛唾手可得，不像现在这样易守难攻了，还可以用日本人现在的基地予以支援，就像现在日本人那样。此后，日本人将不得不在它的内岛防御体系（东京、南鸟岛，马利亚那群岛、关岛、雅浦岛、帛琉群岛、安汶和帝汶岛）之内作战了。

军官会议室里的这伙'战略家'在这个前景的吸引下又讨论起如何夺取拉包尔的重要问题来了。

我们承认，空袭能够摧毁供应线、船只、防御工事和地面上的飞机，总之使日本人不能及时加强他们的基地，但是实施大规模进攻还需要登陆部队。我们需要几支受过训练的陆战队进行两栖作战，至少需要4艘航空母舰、众多的支援舰只，还需要驻在澳大利亚北部的麦克阿瑟的陆军飞机配合。

我们设想，进攻一开始就用麦克阿瑟的重轰炸机对这些地区的日军机场实施三四次全天的持续轰炸。在这期间，满载登陆部队的运输舰在航空母舰保护下进入滩头阵地。这些航空母舰应该装备优势的战斗机，以便在袭炸开始后第4天或第5天夺取制空权。

一旦轰炸造成了较大的杀伤，进攻部队便在装有203毫米火炮的巡洋舰和俯冲轰炸机的火力支援下强行登陆。登陆场要选在合适的位置，以便地面部队能尽快夺取一个或更多的机场。航空母舰则留在这个地区，迎击敌舰队，向岸上派遣强大的战斗机部队。同时，空运来大批陆军以及轰炸机、部队运输机、战斗机和一个现代化空降军的全部装备。

究竟能不能这样攻打拉包尔？根据在军官会议室讨论的人们心中逐渐成熟的设想，都认为要把日本人在开战后头几个月抢走的失地夺回来，非采用这个办法不可。

★法兰克·杰克·弗莱彻

杰克·弗莱彻于1886年3月9日生于艾奥瓦州马歇尔镇，1906年从美国海军官校毕业，在116名毕业生中排名第26位，毕业后先后于多艘船舰上服役，第一次世界大战中，弗莱彻在"佛罗里达"号驱逐舰上任职，成功拯救超过350名难民，而获得了国会荣誉勋章，1922年9月调到美国太平洋分队。1933年在美国海军军令部长办公室服务，1939年9月调回太平洋舰队，升任少将并担任巡洋舰战队指挥官。日本突袭珍珠港时，弗莱彻为第6巡洋舰战队指挥官，并搭乘"明尼亚波里斯"号巡洋舰在欧胡岛南方巡弋，并不在珍珠港内。回到珍珠港后，弗莱彻少将改登上新到太平洋战区的"约克城"号航空母舰，编组为TF17。

第四章
航空母舰大PK

★ 泰勒在一队"野猫"式战斗机的保护下，率领鱼雷轰炸机中队展开进攻。它们冒着密集的高射炮火，低空掠过"翔鹤"号航空母舰，突破了18架"零"式战斗机的严密防御。

★ 当美国飞行员开始返回他们自己的航空母舰时，惊讶地发现自己在轰炸日本航空母舰时，日本飞机也在轰炸他们的航空母舰，而且日本飞机能够发动更有效的进攻。

★ 11点22分，轰的一声，"列克星敦"号航空母舰又震了一下，命中了第4枚鱼雷，在左舷中部。接着不到一分钟，又中了第5枚鱼雷，是在左舷前部。

★ 敌机的炸弹碎片和机枪扫射造成许多伤亡，其中有些是127毫米左后炮的陆战队员。飞行甲板两侧炮位上的人员遭到靠近弹弹片的杀伤。

1. 舰载机空中大PK

5月7日上午,"列克星敦"号航空母舰上的一架巡逻机报告发现了2艘航空母舰和4艘重型巡洋舰。弗莱彻认为,这是敌人的主力舰队,命令飞机全部出动袭击。

直到93架美国飞机早已飞往目标,那架巡逻机方才返回"列克星敦"号航空母舰上,报告它只发现2艘轻型巡洋舰和4艘炮艇。由于密码的错误,这些舰艇被夸大成了一支突击部队。召回前去袭击的飞机已经来不及了,它们飞行的方向偏离威胁着第17特遣舰队的主要危险达90°。

然而,弗莱彻还是幸运的。日本水上飞机发现了他的舰队,但是它们的无线电信号没有被高木武雄的航空母舰收到——这些航空母舰上的飞机在下午之前一直在袭击"西姆斯"号驱逐舰和"尼奥肖"号油船。

后藤存知收到了警报,他现在稳稳待在入侵莫尔兹比港的护航运输船队的北面,那儿可以得到拉包尔地面提供的空中掩护。"祥凤"号轻型航空母舰上的井泽舰长奉命给他的战斗机加油,然后立即出动去袭击特遣舰队。

在东南不到80海里的海面上,弗莱彻仅靠天气和运气才未被

第四章 航空母舰大PK

美军"复仇者"式鱼雷机编队

敌人发现，因为他的大部分飞机飞得太远，不能保护他的航空母舰。当"祥凤"号航空母舰上的甲板人员正在替战斗机加油的时候，一架美国巡逻轰炸机透过云间缝隙发现了它。

过了几分钟，在上午11点，由奥尔特中校率领的"列克星敦"号航空母舰舰载机队中的一名飞行员发现敌人的舰队在他飞机右翼下面26海里远的海面上。从4500米的高空俯冲下来，奥尔特的进攻扫掉了从"祥凤"号航空母舰甲板上起飞的两架"零"式战斗机。鱼雷轰炸机并未击中"祥凤"号航空母舰，但飞行员心满意足地看到，扔在附近的炸弹将5架日本飞机掀进海里。

"祥凤"号航空母舰的井泽舰长犯了一个错误，他将航空母舰调头迎风，企图出动剩下的飞机。飞行员的反应是可想而知的，但这艘航空母舰在"列克星敦"号航空母舰出动的俯冲轰炸机飞来的关键的几分钟里，却是沿着一条直线行驶，使它成了容易攻击的目标。俯冲轰炸机后面跟着"约克城"号航空母舰出动的第一批鱼雷轰炸机，它们收到无线电后赶飞过来，恰好看到美国飞机击中日本航空母舰。

"列克星敦"号航空母舰和"约克城"号航空母舰上的拥挤的无线电室里，人们也在收听着袭击逐步展开时的实况报告。每当报告一颗炸弹击中目标，听众便发出欢呼。

在海战战场，"祥凤"号航空母舰周围护卫舰发射的高射炮火在碧空中开花，当美国飞行队的最后一架飞机赶到战场的时候，

"祥凤"号航空母舰已经变成了一团向前开动的火球。

93架美国战斗机和轰炸机轮番进攻，结果是毫无疑问的。鱼雷直捣锅炉房，炸弹摧毁了剩下的可以使用的高射炮，甲板下面的过道里横七竖八地躺满了伤兵，伤兵的鲜血染红了从消防队员的水龙头里流出的水。经过半个小时的袭击，"祥凤"号航空母舰的动力停了，它的抽机停止转动，可怕的烈火在蔓延。

"祥凤"号航空母舰上剩下的6架"零"式战斗机为挽救这艘挨打的航空母舰做出了疯狂的努力。但是，"约克城"号航空母舰出动的第二批鱼雷轰炸机给了它致命的一击。新的鱼雷把它炸裂之后3分钟，天皇的照片被取了出来——井泽下令放弃这艘舰，能跳的人都跳进海里。4分钟之后，再也看不到什么，只有一团黑烟和

正在起火的"祥凤"号

一片油污在珊瑚海扩散开来，标志着日本海军在这里丧失了第一艘大型战舰和舰上900名编制人员中的将近四分之三的官兵。

不一会儿，"约克城"号航空母舰扬声器里传出好消息："击沉一艘航空母舰。"两艘美国航空母舰的无线电广播室里爆发出一片欢呼声。

当天午后不久，除3架飞机以外，所有美国飞机在"列克星敦"号航空母舰和"约克城"号航空母舰上平安降落。美国海军赢得了第一轮珊瑚海战斗的胜利。

弗莱彻从最初的惨败中恢复过来了，这使他更想寻找另外两艘日本航空母舰，要在它们向他猛扑过来之前就向它们发起进攻。就在他的飞机降落的时候，旗舰收到报告：克雷斯的特遣舰队在迪博伊恩岛南面50海里的海面上遭到日本岸基轰炸机的猛烈空袭。这个报告清楚地说明了弗莱彻任务的紧迫性。

"澳大利亚"号旗舰的熟练指挥，舰长们的优秀驾驶技术，使克雷斯的舰队只受了表面损伤。然而，使他不敢相信的是，他刚击退日本人，就看见3架美国"B-26"式轰炸机赶来袭击他的舰队。

"幸亏他们轰炸得不准，同几分钟以前日本飞机的轰炸相比是很丢脸的。"克雷斯向麦克阿瑟报告说。麦克阿瑟自然否认他的飞行员犯了这样的错误，奉劝"陆军应当相信海军舰只才是"。

日美双方在5月7日的战斗中都犯了错误，但是因此而受到惩罚的却是日本人。

"B-26"式轰炸机.

日军航空母舰的飞行队至少知道他们的主要目标的位置，却白白花了一个下午搜索海面，没有发现躲在蒙蒙雨雾里的美国航空母舰。黄昏时候，他们已经飞到距离他们的袭击目标非常近的地方，被第17特遣舰队的雷达发现了。"野猫"式战斗机出动拦截。在暮色中，几个迷失方向的日本飞行员错误地试图在"约克城"号航空母舰上降落。早已等着的炮手将其中一架击落入海，另外几架慌忙逃入黑暗的夜空。

那天晚上，美国和日本指挥官都决定不进行夜战，以免损失各自的重型巡洋舰。弗莱彻二比一的火力优势，将会被缺乏夜战的训练所抵消。双方都预料到，决定这场海战结果的航空母舰之间的决战必定在第二天进行。即将在作战双方海军航空兵之间发生的首次冲突，几乎将是一场势均力敌的战斗。谁首先发动突然空袭，谁就取得优势。就像体现了以往海战特点的大规模炮战那样，胜利属于其火炮能最快地测出与敌舰之间的距离、在敌舰还击之前能发射最多炮弹的军舰。现在，飞机首次取代火炮成为投掷炸弹的工具。虽然双方舰队之间的距离不是以数十公里，而是以数百公里来计算的，但结果是以同样的基本原则决定的。

黎明时分，蔚蓝的海洋静悄悄的，大决战即将开始的时候，珍珠港太平洋总部作战室（5月7日在夏威夷，5月8日在珊瑚海）的气氛越来越紧张。

在日出之前最后一小时里，双方舰队的炮手在扫视着越来越亮的天空，航空母舰上的甲板人员在为飞机起飞作准备，飞行员在听情况简介。日本飞行员和美国飞行员都是匆匆用过早餐，医疗队在甲板底下准备好了外科包扎用品和吗啡，抢险队检查水密舱是否盖严了，双方军舰越来越近，战斗就要开始。

"约克城"号航空母舰上的餐厅发了一万颗糖果条；在日本军舰上，应急米糕也发了下去。

"列克星敦"号航空母舰迎着西风，出动18架侦察机，搜索第17特遣舰队的北面和西面之间90海里的扇形海面的时候，离早晨5点30分日出还有半个多小时。

两艘日本航空母舰向南驶入云雾之中，黎明时出动了一批侦察机。应该在哪里搜索，日本航空兵司令官南云忠一比他的敌人清楚得多。他依靠密云的掩护，在发现美国人之前一小时，冒险出动鱼雷轰炸机、俯冲轰炸机和护卫战斗机总共69架。

命运注定搜索的飞机几乎将同时发现彼此的目标。

8点15分飞行在最北边的史密斯发现敌人的航空母舰特遣舰队在"列克星敦"号航空母舰东北约150海里的海面上,以25海节的速度向南行驶。仅仅几分钟以后,美国航空母舰的无线电台收到了日本人兴高采烈的报告,显然表明美军航空母舰也被日本人发现了。

"列克星敦"号甲板上,一架"复仇者"式鱼雷机启动引擎准备起飞

弗莱彻命令他的87架飞机起飞出击,然后用信号通知"列克星敦"号航空母舰:菲奇将担任这场海战的作战指挥,因为他在航空母舰作战方面的经验比较丰富。与此同时,弗莱彻电告麦克阿瑟的司令部,指明敌人航空母舰进击队的位置、航向和速度,要求他出动轰炸机参加袭击。

"约克城"号航空母舰上的39架飞机在9点15分起飞。1小时45分钟以后,发现"翔鹤"号航空母舰和"瑞鹤"号航空母舰正向东南方向行驶,两艘航空母舰之间相距7海里,各由两艘重型巡洋舰和驱逐舰护航。正当美国人利用宝贵的几分钟,在团团积云里组织进攻的时候,"翔鹤"号航空母舰趁机出动了更多的战斗机,"瑞鹤"号航空母舰则躲进下着暴雨的附近海面。

泰勒在一队"野猫"式战斗机的保护下,率领鱼雷轰炸机中队展开进攻。它们冒着密集的高射炮火,低空掠过"翔鹤"号航空母舰的左舷船首,突破了18架"零"式战斗机的严密防御。

对日军航空母舰发起首次进攻的美国飞行员,缺乏协调鱼雷轰炸机和俯冲轰炸机进攻的实际经验。他们没有发挥数量上的优势,这个优势曾使他们在前一天对"祥凤"号的攻击中轻易地取得了胜利。美军发射的鱼雷射进海里,偏离目标很远,轰炸是盲目的。只有两颗炸弹击中目标,在航空母舰的飞行甲板上因油点燃而起火。

十多分钟以后,"列克星敦"号航空母舰上的飞机赶来了,但难于发现厚厚的云层底下的敌舰,使进攻受到进一步的挫折。只有

15架轰炸机好不容易发现了一个目标，但它们只有六架"野猫"式战斗机保护，很容易就被"零"式战斗机冲散了，"零"式战斗机击落了3架美国飞机。他们的鱼雷进攻再次失败，日本人报告时评论道："鱼雷速度慢，射程远。我们可以拐弯躲过它们。"只有一架俯冲轰炸机击中了目标。

然而，美国飞行员的报告却不是这样。泰勒在第一次攻击之后乐观地说："左舷首尾约15至30米、从吃水线到飞行甲板的一块地方是一片火海。在发动进攻之后约15分钟，最后看到这艘航空母舰时，火烧得很猛烈。据信它受到了非常严重的破坏，最后沉掉了。"

★ "野猫"式战斗机

太平洋战争前期，美国海军不得不以在速度和灵活性皆处于劣势的"水牛"式和"野猫"式对抗日军的"零"式战斗机。"野猫"式战斗机机翼上装备有6门机关炮；作为轰炸机使用时机翼可携带两枚450公斤炸弹；实施远距离作战时机翼携带两个58加仑附加油箱。尽管"野猫"式战斗机不是"零"式的对手，但由于它坚固的结构和质量，使飞行员在危机中往往能安然逃脱，因此它的生存能力还是较强的。当1943年被"地狱猫"式战斗机取代时，"野猫"式战斗机作为一种实用的舰载机，继续装备在一些航空母舰上，直到战争结束。"野猫"式战斗机除格鲁曼公司生产

"野猫"式战斗机

外,还被东部飞机制造部门生产,他们生产的"野猫"被命名为FM-2"野猫"。

2. 日本航空母舰反扑

"列克星敦"号航空母舰以为他们攻击的是"瑞鹤"号航空母舰,报告说这艘航空母舰正在"迅速下沉",这次进攻损失了43架美国飞机。虽然"翔鹤"号航空母舰着火逃走,在火被扑灭前一小时丧失了出动飞机掩护的能力,但它的吃水线以下的部分并未受损。舰上一百多人死亡,它减速向北撤退时,仍然能进行战斗。

第四章 航空母舰大PK

当美国飞行员开始返回他们自己的航空母舰时,他们惊讶地发现自己在轰炸日本的航空母舰时,日本飞机也在炸他们的航空母舰——而日本对手能够发动更有效的进攻,尽管有雷达,"列克星敦"号航空母舰上的战斗机指挥官在敌机仍然在东北方向50多海里的空中时就能知道它们的到来,但只有17架"野猫"式战斗机起飞,其中大多数在22分钟之后,也就是10点18分"战斗突然爆发"的时候,没有飞到第17特遣舰队的足够高的上空。

一半的战斗巡逻机剩下的油太少了,不能起飞截击,已经起飞的"野猫"式战斗机,4架没有找到敌人,两架被"零"式战斗机击落,还有3架没有达到足够的高度,不能阻截敌人俯冲轰炸机的

"瑞鹤"号和"翔鹤"号航空母舰编队航行

进攻。

菲奇也出动了23架"无畏"式俯冲轰炸机,加强他那微弱的空中防务力量。虽然它们速度太慢,装备太差,不能像战斗机那样发挥作用,但它们却击落了4架飞得较慢的日本鱼雷轰炸机,23架中也损失了4架。

也就是说,几乎在美国飞机攻击日本航空母舰的同时,"列克星敦"号航空母舰和"约克城"号航空母舰也遭到了日本舰载机的猛烈攻击。

"列克星敦"号航空母舰和"约克城"号航空母舰处于单独作战状态,相隔几海里,攻击舰队于9点20分起飞后,美日双方舰队的距离已缩短到165海里。

"列克星敦"号航空母舰舰长谢尔曼一直在舰桥上,寻思着美军舰队可能遭到的攻击。他理所当然地认为,双方的攻击部队都已升空,正在飞向目标,要挡住日本的攻击部队是不可能的。眼下的形势如同拳击场上两个对手同时挥拳向对方打去,每一方都要被对方击中。舰队突如其来地面临着直接危险,使刚才还是轻松的航行,一下子就准备投入生死搏斗了。

这时,"列克星敦"号航空母舰和"约克城"号航空母舰除了进行蛇形运动外,不时驶出编队中心,转向顶风,以便让掩护它们的飞机起降。

为了保护"列克星敦"号航空母舰,谢尔曼手里控制着9架战

第四章 航空母舰大PK

受到攻击的"约克城"号

斗机和8架侦察轰炸机。"约克城"号掌握着8架战斗机和3架侦察轰炸机。它们把留下的战斗机和侦察机各自一分为二，在上空保持4或5架战斗机和4架侦察机，其余飞机则在飞行甲板上加油，按照较短间隔进行轮换。装有增压式引擎的"格鲁曼"式战斗机在高空监视可能出现的日本俯冲轰炸机，侦察机则监视低空的鱼雷机。

"列克星敦"号航空母舰上的第一次战斗警报是10点钟拉响的。据报告，有12架不明飞机正从前方接近，每个人都走上了自己的战斗岗位，就连军官会议室的勤务兵也到炮位上充当运弹手了。10

点50分,第二次警报拉响,一架侦察机呼叫:"呼叫航空母舰。右前方飞来大股敌机,距离60海里。"军舰的扩音器广播了这个消息,全舰每一个人立刻认识到与日本人的空袭部队要有一场鏖战了。

遵照舰长的命令,"列克星敦"号航空母舰开始向左转向顶风,以便让留在飞行甲板上的全部备用飞机起飞。"约克城"号也是同样情景。两艘航空母舰都让所有的飞机飞向空中,因为两位舰长都认识到只有用飞机才能对付飞机。

当"列克星敦"号那巨大的螺旋桨把航速加到最高一节时,炮手们站在战位上,端着预备弹夹,急切地张望着前上方敌机可能出现的方向。

在最后一架飞机起飞后开始向右转向返回舰队的编队队形时,从扩音器里传来了声音:"查尔斯呼叫。敌机高度5500米,四队水

中岛"97"式舰载鱼雷机

平轰炸机，两队俯冲轰炸机，'零'式战斗机混合护航。我的高度4500米，在你东北12海里。我在爬高。敌机飞得很快，恐怕拦截不住了。"另一架侦察机呼叫："诺拉呼叫航空母舰。发现敌鱼雷机，中岛'97'式鱼雷机，正在从8海里外云层里窜出。它们在2000米做大角度下滑。我们正在拦截。"

指挥官雷德在战斗机控制室呼叫美军所有疏散的防御飞机，引导他们集中对付来犯之敌。当美方飞机发现日本飞机向航空母舰接近时，扩音器里霎时充满了命令、呼叫和指示的声音。

11点06分，左舷远处海面出现一道巨大的烟柱。几乎在此同时，一架侦察机报告说，它击落了一架到处骚扰的"川西"式四引擎水上飞机。这架大型水上飞机显然是在引导日本轰炸机和鱼雷机向舰船扑来。

"列克星敦"号航空母舰仍然在不断加速，但还没完全进入舰队编队的队形中来。左舷只有一艘巡洋舰，在斜后方。应该在左舷那边进行掩护的驱逐舰和其他的巡洋舰还在前面、后面或右舷很远的地方。如果它们是在掩护阵位上，而不是在两头，情况会更好些。

巡洋舰开火了，喷出了火舌和硝烟。不到几秒钟，在第一排炮弹雷鸣般的呼呼响声之后，爆炸声连成一片，巡洋舰上的轻武器也投入了战斗。

11点10分30秒，瞭望哨喊道："他们来了！敌鱼雷机在左舷。"

舰长镇静地朝那个方向瞟了一眼，平静地对操舵兵说："右满舵！"这样进行机动是为了把"列克星敦"号航空母舰甩过来，让较窄的舰尾对着鱼雷机。但是，同那些向这边冲过来的银灰色飞机的速度相比，"列克星敦"号航空母舰好像没动一样。在舰长下达舵令的刹那间，敌机变得越来越大，排成单横队接近。它们速度很快，加大油门俯冲时时速有300海里/小时。

这时，"列克星敦"号航空母舰的火炮仍然沉默着。

现在炮手们已经看到第一波中的9架飞机了，其中两架飞往左后方不到2000米的那艘巡洋舰。这两架飞机飞得很低，稍微拉一下机头才从那艘巡洋舰上方擦过去。这时，其中一架飞机突然在空中爆炸开花了。它显然是被那艘巡洋舰的炮弹打中了它携带的那枚鱼雷。这架日本飞机爆炸时火光四射。人们喊道："打得好，伙计们，开门红。"

"列克星敦"号航空母舰上的100多门炮也开火了。127毫米炮咚咚的射击声，37毫米炮断续的炮声和20毫米炮的轰鸣声，响成一团。爆炸的巨大音响和颠簸使航空母舰上的水兵感到像在半真空中一样，透不过气来。舰桥下边那些火炮一起开火，在军舰左舷竖起一道曳光弹的火墙，一道道红色和白色的曳光弹道在灿烂的阳光下闪烁。

"列克星敦"号航空母舰边战边转弯，一次又一次把狭窄的舰尾对着日本飞机。敌机则略微修正航向，一旦与军舰平行，突然转向左舷。它们简直是骑在小口径曳光弹的弹雨之上,但毫不畏惧,就连那架领队飞机被巡洋舰击落也没有影响日本人的决心。

他们已经离"列克星敦"号航空母舰很近了。第一对双机不到800米,最后一架也不超过1000米。舰上的士兵看到了从飞机上投下来的黑乎乎的鱼雷和鱼雷入水时激起的水花,以及它的两个推进器搅起的水泡航迹——两枚鱼雷在水下以50节的速度扑来。还有8

"列克星敦"号上的高射炮

架敌机冒着炮火飞过来，投了鱼雷，它们没有飞走，继续直冲，领头的双机贴着海面，飞得很低，只好抬了抬机头从前部飞行甲板上方擦了过去。

前面的37毫米炮抓住了第一架日本飞机。他们的炮弹和红色曳光弹打穿了机翼和机身。这架飞机摇晃起来，慢慢向左倾斜，刚好从舰首前方下面擦过去，机尾拖着一条火舌在右舷舰首不到30米的地方栽进海里。陆战队员操作的左舷前127毫米炮集中火力打第二架飞机。当这架飞机拉起来从这些炮位上方飞过时被炮弹直接打中，炸得粉身碎骨，飞机的引擎在炮位跟前掉进大海，机翼和尾翼的碎片像一片片碎纸一样飘落在飞行甲板上。

剩下的6架银灰色飞机企图从舰尾方向飞走。尾炮也同样集中火力朝它们猛烈射击，但没有打中。这些敌机霎时飞了过去，并做大坡度转弯，以摆脱炮手的瞄准，然后低空急速飞走了。

第一波的攻击刚结束，第二波又来了。它们也是从左后方飞来的，但不是低空，而是在300多米或者更高一些，几乎以45°俯冲而下。

11点18分30秒，一枚鱼雷命中"列克星敦"号航空母舰左舷前部，剧烈的爆炸使那里喷出一股夹着海水的火舌，"列克星敦"号航空母舰猛然抖动起来。还有几枚鱼雷拖着航迹驰来，这是第一波8架日本飞机投下的鱼雷，有的鱼雷钻出了水面（雷头露出水面后又扎进水里，大概定深器出了毛病）。

11点20分，轰隆一响，整个军舰又是一震，"列克星敦"号航空母舰又中了一枚鱼雷。这次也是在左舷前部，也同样喷出了一股夹着海水的火舌。"列克星敦"号航空母舰猛地一震，士兵们都站不稳了。正在这时，舰首对空瞭望哨（它在舰桥的上面）喊道："俯冲轰炸机！"

第一架俯冲轰炸机刚投掉炸弹，正在拉平。这架飞机飞得很低，不到300米高。抬头刚好看到那颗长长的黑色炸弹从另一架飞机上掉下来。一颗450公斤炸弹正好落在左舷前炮位3门127毫米炮中间，一声可怕的巨响透着耀眼的闪光，把这里的火炮全炸哑了，引发大火，炮位上的陆战队员大部分被当场炸死。

第二波鱼雷机开始投雷，所有瞄向它们的火力都没打中它们。它们降到离海面只有70米，离"列克星敦"号航空母舰1000米远。它们既没有改为平飞，投弹时也没有和海面拉平，而是继续快速俯冲。

这群敌机也直向飞来，并用机枪扫射，而且打得很准，杀伤了左舷后炮位上的一些人。战斗已经发展到白热化的程度，周围全是俯冲轰炸机的炸弹掀起的水柱，有几十米高。日军飞机高度比烟囱高不了多少，而且都用机枪扫射飞行甲板、军舰两舷和瞭望部位。飞行甲板上一时全是曳光弹弹道，很耀眼，但大部分都太高了，没有打中暴露的炮手。

11点21分，轰隆一声"列克星敦"号航空母舰又中了一枚鱼

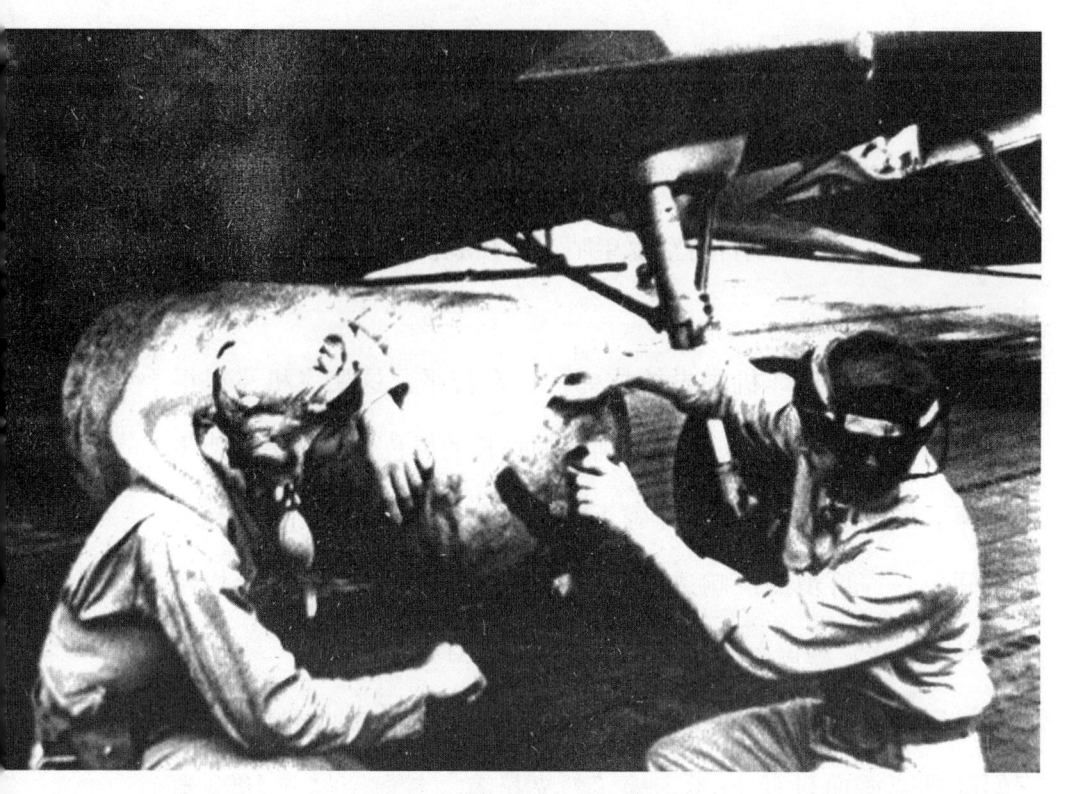

飞行员正在为鱼雷轰炸机安装鱼雷

雷，也是在左舷，几乎是在舰中部。更多的鱼雷疾驰而来，那道道白色雷迹就是水中恶煞的可怕凶兆，左舷海面好像净是鱼雷。

这批刚投下的鱼雷钻出水面的比第一波攻击时还多。有两枚鱼雷看来无疑是要击中军舰的中部，从它们后面的航迹可以看出是瞄中了。

幸运的是，两枚鱼雷从另一边露出了海面，向远处驰去。它们从军舰下面驶过去了，就是说，它们定深有十多米，因为"列克星敦"号航空母舰满载时吃水最少有这么深。

第四章 航空母舰大PK

★专栏记者的回忆

美国专栏记者E·B·波特是尼米兹的好友,他曾记录道:

5月8日拂晓,在军舰和飞机数量上已不分上下的两支航空母舰部队在相距175海里的地方彼此发现。美国人先发制人,从"约克城"号航空母舰起飞的鱼雷轰炸机和俯冲轰炸机实施了第一次打击,"瑞鹤"号航空母舰躲在一阵突兀而来的暴雨里,于是,美国飞机集中攻击了"翔鹤"号航空母舰。9架TBD"掠夺者"式鱼雷

飞过"约克城"号上空的一架"复仇者"式鱼雷机

机投了鱼雷，但美国的鱼雷速度慢得出奇，而且有不发火的毛病，致使这艘航空母舰未受丝毫损伤。SBD"无畏"式俯冲轰炸机的运气还好，有两颗炸弹命中了"翔鹤"号航空母舰的飞行甲板，造成的损害很重，使它无法继续飞行作业。

与此同时，日本飞机攻击了美国的航空母舰，当时，17架"野猫"式空中巡逻战斗机中有一些正在加油。"约克城"号航空母舰规避了8枚鱼雷后中了一颗重磅炸弹；"列克星敦"号航空母舰被一阵惊天动地的爆炸震撼着。炸弹把它的航空汽油加油管路炸毁，从油管里冒出的汽油蒸气被意外迸发的火星点燃，烈火吞没了"列克星敦"号航空母舰。

3. 王牌对王牌

这时，一颗小型炸弹命中了"列克星敦"号航空母舰的烟囱，炸死和炸伤了窄过道上的几个人。转眼工夫，几架俯冲轰炸机的机关炮又打伤了那上边的几个人。

"列克星敦"号航空母舰的汽笛凄惨地叫了起来。原来，有一颗重磅炸弹穿过上层建筑和烟囱之间10米的空隙，没有命中军舰，落到了右舷的海里。这颗炸弹在穿过这里时击中了一根金属管，被炸弹弄弯的这根金属管里有一根从舰桥上操纵汽笛的绳索，绳索被

第四章　航空母舰大 PK

倾斜中的"列克星敦"号

拉紧，汽笛像挨了打的孩子似的呜呜叫个不停。一直到最后一架日本飞机从美军头顶上飞过去，才有人把蒸汽关掉。

"呼、呼、呼……哒、哒、哒……"高炮和机枪响个不停。日本俯冲轰炸机从飞行甲板上飞过，所有火炮一齐朝它们开火。敌机扫射时曳光弹打过来不是过高就是太低，没有打中飞行甲板上的炮手，也没碰着在舰桥上的人。

11点22分，轰的一声，"列克星敦"号航空母舰又震了一下，命中了第4枚鱼雷，在左舷中部。接着不到一分钟，又中了第5枚鱼雷，是在左舷前部。

谢尔曼盯着鱼雷和俯冲轰炸机，军舰不断地进行着机动，忽而向左，忽而向右作蛇形运动，尽力规避鱼雷。他不断给航海长和操舵兵下达命令。

随军记者回忆道：

这时我正好从驾驶室前面经过。舰长正站在舵轮前向前张望，并留神听着各处给他的报告。我从这里走过的时候，我们的眼光碰到一起了，我冲动地走过去跟他握手。我说："我看一切正常，舰长。"他笑了笑，用力握着我的手，用平静和稍快的语调说："但愿如此，但愿如此。"

我向右舷扫了一眼，想看看其他舰只情况如何，看到海面上有5架燃烧的飞机。日本飞机投放鱼雷或炸弹后飞走时，我们右舷火炮的曳光弹一直追着打。"约克城"号航空母舰旁边腾起一股巨大的水柱，我立即感到"它被击中了。"（后来我才知道，这是一颗重磅炸弹，没有命中。）

突然，我看到一架"格鲁曼"式战斗机尾追一架向"约克城"号航空母舰俯冲的日本飞机。重型高射炮发射时产生的硝烟完全把它们遮住了，后来看到它们出现在飞行甲板上机关炮的火网中。这架日本飞机投放炸弹后开始拉平，这时它的油箱被美军战斗机击中起火，接着拖着一条火舌栽进海里。那架"格鲁曼"式战斗机又拉起来，重返战斗。

每隔一两秒钟就有俯冲轰炸机冲下来。大部分炸弹都落在军舰后面，虽然离军舰很近，但没有炸中。头顶上的日本飞机成串地往下俯冲，仔细观察就能看到炸弹离开飞机的情景。飞机俯冲下来，然后逐渐拉平，用机关枪和机翼上的机关炮不停地扫射。每架敌机都从"列克星敦"号航空母舰的飞行甲板上掠过，变成一个小点，迅速消失了。

11点25分，瞭望哨喊道："左舷，7架鱼雷机！"高射炮火非常猛烈，敌机的飞行员只好匆匆把鱼雷投掉飞走了。跟第一批敌机一样，这群敌机的攻击也未奏效。它们都是刚刚开始45°下滑就把鱼雷投掉，离海面大约80米，没有逼近就转弯飞走了，离"列克星敦"号航空母舰至少有1500多米。

"列克星敦"号航空母舰再次机动，规避鱼雷。这次是向右转向。所有的鱼雷直冲而来。

"把定航向,舰长,把定!"达克沃思突然喊道。他在驾驶台上手舞足蹈,大惊失色,张开双臂好像能把鱼雷推跑似的。"两侧有3枚鱼雷。左舷两枚,右舷一枚,都跟我们平行。"达克沃思继续喊道:"我们稍微一偏,就会碰上鱼雷。"舰长下令把定航向,鱼雷从旁边擦了过去。航速是25节,鱼雷是50节,所以看起来鱼雷速度不快。

有个信号兵向谢尔曼舰长报告说,在高速行驶的舰队中间有一

一架日军"97"式舰载鱼雷攻击机正在起飞

个飞行员（他在战斗中被迫跳伞）乘着黄色小筏子漂在水面，离右舷舰首100米远，从他身边擦过时，看到他跪着死命地向我们挥手呼救。周围的日本飞机和整个舰队中军舰上打出的高射炮弹从他身边呼呼地飞过，他好像一点儿也没注意似的。

谢尔曼舰长朝他那里扫了一眼，立刻明白是怎么一回事，他扬起胳膊，指示一个信号兵告诉一艘收容驱逐舰（舰队中最后面的一艘）把那个小伙子捞起来。那艘驱逐舰执行了命令，开到他旁边，趁快要靠过去时急速转舵，来了个急转弯，然后猛地打个倒车停下来，扔下一根绳子把他拖到舰上。

突然又出现了5架日本鱼雷机。慌乱之中，它们一直闯到舰队中心，这些新来的敌机几乎是贴着海面飞，朝着舰船冲来，扇面散开之后朝右舷俯冲，这是敌机今天第一次从右边攻击。

整个舰队一齐朝它们开火。敌机只好在很远的地方投雷。已经受伤的"列克星敦"号航空母舰又一转舵，躲开了所有鱼雷，这些鱼雷在舰首前面驰过，在海面上激起几道航迹。

又有两架鱼雷机穿过舰队的火网，俯冲下来，但却避开"列克星敦"号航空母舰的高射炮火从舰尾后面飞过去，用鱼雷攻击了左后方的一艘巡洋舰。这艘灵活的巡洋舰迎上去，一个急转弯规避了两枚鱼雷。巡洋舰上的炮手把炮弹射向这两架飞机。有一架被炮弹直接命中，轰隆一声巨响，飞机化作一团火，消失了。

11点32分，最后一架俯冲轰炸机吼叫着飞过来，用机枪不停地扫射。它的炸弹落得很近，但未炸中。高炮追着射击，直到看不见它才罢手。敌机的攻击已经结束，突然静了下来。"列克星敦"号航空母舰虽然受了伤，但仍然浮在海上，主机照旧提供谢尔曼所需的速度，航行正常。

现在，军舰向左横倾6°。瞭望哨报告说，舰尾的航迹中有燃油。左舷炮位上向外冒着烟，可以看出，是舰内起火了。

整个攻击持续了16分钟，至少有103架日本飞机从头顶飞过。炮手们创造了空前的纪录，击落了19架日本飞机。

10分钟过去了，炮手们扣扳机的手指还在发麻。这时，一架侦察机回来了，飞行有点反常，一下子就进入了降落航线，起落架和挂钩也放了下来。这架飞机下滑降落时，左舷后炮的炮手朝它开了几炮，当认出机型和机徽后，炮火被制止了。

有架飞机飞到了舰尾，但太高太快，降落指挥官一个劲挥手不让它这样降落，可是飞行员还是把引擎关了。飞机一直滑到湿漉漉的斜甲板上，弹了一下，左翼尖擦着甲板从左舷冲了出去。这架飞机是由麦克唐纳和汉密尔顿后炮手驾驶的，是执行反鱼雷机任务的掩护机队之一。在远处进行了激烈的空战。麦克唐纳的肩膀在战斗中负了重伤，他是想在失去知觉前降落。

这时，战斗机和侦察机开始返航，加油和装弹后又出动了，因为不敢肯定没有另外一波日本飞机飞来。

刚过中午，布雷特的鱼雷机中队返航归来。当它们飞到右舷

第四章 航空母舰大 PK

"列克星敦"号甲板上挤满舰员

准备进入降落航线时，一艘驱逐舰朝它们打了几炮，幸亏炮弹都没命中。

布雷特的11架飞机有10架在攻击敌舰后安全在"列克星敦"号航空母舰上降落。另外一架飞机在返航时迷航，汽油烧光后在30海里以外的海上迫降，派去的一艘驱逐舰把机组3名成员救了上来。

从战斗巡逻飞行员送到舰桥的报告，了解到他们保卫"列克星敦"号航空母舰时的空战情况。这些情况表明，就保卫航空母舰而言，空中掩护比高射炮重要得多。

拉姆齐和他的战斗机飞行员们告诉战友们：他们力图截击头两批日本俯冲轰炸机，但是没有成功。原因是日本人在被发现之前位于拉姆齐前上方。接着，日本俯冲轰炸机队的护航战斗机同拉姆齐的部队混战在一起了。

一位战斗机飞行员说，在接着发生的混战中，拉姆齐突然发现自己处于有利的开火位置，旁边就是一架日本的"零"式战斗机。他冲了过去，几乎打光了全部子弹，那架飞机划着圈栽了下去。用拉姆齐自己的话说，就是："那个家伙周身涂满了红黄两色道道，简直像颗圣诞树那样漂亮，我都不忍心打它，但我想还是把它打掉才好。它没有起火，很经打。要是都像这架飞机那样经得住打，可就够我们收拾的了。"

由于战斗机没能堵住敌人的俯冲轰炸机，主要的空防任务是由侦察机完成的。在防御中侦察机损失很重，无法知道它们在浴血奋

第四章 航空母舰大PK

投弹中的"无畏"式俯冲轰炸机

战中是怎样被击落的。但是，从幸存者的报告中，可以看到他们英勇无畏的业绩。

最先拦截鱼雷机的侦察机飞行员霍尔击落了遇到的第一批9架鱼雷机中的两架。当他和这些敌机短兵相接时，给日本鱼雷机（"97"式舰载攻击机）护航的5架"零"式战斗机，咬住了他。霍尔一甩机头，又打掉了两架"零"式战斗机。他在战斗报告结尾中遗憾地说："另外3架逃进云里了。"在这场战斗后半部分，霍尔被"零"式战斗机打伤了双脚，但他却一点未因伤影响战斗。

莱普拉和炮手利斯卡也在这场战斗中勇敢冲锋陷阵。这两个小伙子7日轰炸了一艘日军航空母舰，击落了4架日本飞机，这次他们也执行对鱼雷机防御任务。在拦截日本攻击机时击落了一架敌机，但立即就被"零"式战斗机包围。在激战中，他们又击落了一架"零"式战斗机，并把其余的敌机击伤赶跑了。他俩在报告中写道："右前炮被打坏，左前炮的炮弹也打光了，我们只好退出战斗。"（侦察机上前炮只有两门）。在艰难地返回"列克星敦"号航空母舰途中，他们又遭到两架敌机攻击。他们用唯一的后炮赶跑了敌人，有一架敌机引擎着火，显然是被打伤了。

"约克城"号航空母舰有4架侦察机在攻击来犯的日本鱼雷机时被一群"零"式战斗机击落。这时，4架格鲁曼战斗机赶到，咬住了"零"式战斗机。飞过来为同伴报仇的美国飞行员在两次攻击中击落了5架"零"式战斗机。

"列克星敦"号上雷达兵正在搜索日本战斗机

这天的空战,包括飞出 200 多海里在日本舰队上空和在沿途的战斗,以及最后在"列克星敦"号航空母舰周围的空战,日本损失飞机约 77 架,1047 人伤亡;美方损失飞机 66 架,543 人伤亡。

★英雄飞行员

"列克星敦"号航空母舰甲板上挤满了人,指挥室被一颗炸弹炸得粉碎,雷达失去了效用,已无法为返航的飞机导航,俯冲轰炸机攻击队队长奥尔特返回母舰的希望化为泡影。

奥尔特和他的报务员在攻击"翔鹤"号航空母舰时负了伤，现在，他发现自己处于一个飞行员的最危险的境地——在茫茫大海的上空迷失了方向，而油位指针在零度上面晃动。下面是他同"约克城"号话务员的最后对话：

"约克城"号："列克星敦"号雷达坏了，无法给你们导航，最近的陆地在320公里开外。

奥尔特：我们永远到不了那里。

"约克城"号：靠你自己了，祝你顺利。

奥尔特：请向"列克星敦"号转达，我们把一颗450公斤炸弹丢到一艘军舰上了，我们两人都报告了两三次，敌人战斗机飞来了，我改向北飞行，请告诉我你们是否收听到我的话。

"约克城"号：收听到了，靠你自己了，我将转达你的话，祝你顺利。

奥尔特：好，再见。我们的一颗450公斤炸弹击中了一艘军舰！

这是人们最后一次听到奥尔特的声音。

4. 致命的伤害

当地勤人员忙着收回"列克星敦"号航空母舰的防空飞机时，

大约从 11 点 45 分开始，谢尔曼就陆续收到从下面甲板送来的首批报告了。这些报告来自机舱、蓄电池舱、医院、各个舱室以及使军舰正常工作所必需的所有部门，那里的人们在战斗中一直坚守着岗位。

早在战斗结束之前，这些官兵就一直忙着补救日本人给"列克星敦"号航空母舰造成的损失。当第一批炸弹落在附近和被第一枚鱼雷命中的时候，他们的工作就开始了。最先是对所有部门进行了检查，把进水的舱室和其他舱室隔开。他们经常要在水线以下很深的地方把木头锯好，塞在舱壁上，以顶住海水的冲击和压力。

第一批鱼雷炸中了左舷舰首的防雷护壳。防雷护壳是沿军舰水线以下建造的非耐压壳体，位于主船体之外，是附加在主船体外部的防水雷、鱼雷的水密隔层，里面形成军舰真正的浮力。这些隔层里通常是填满重量很轻的不易燃的填料，有时也装水，其作用是为军舰提供一道保护墙，在军舰中雷（鱼雷）或触雷（水雷）时使爆炸点离真正的船体远一些。

这样的隔层自然不能完全吸收掉鱼雷的爆炸能量。隔层被炸开一个大洞后，主船体上通常只有一个小口子，如果没有这个隔层，主船体就会被炸开一个 3 到 7 米的大洞。

"列克星敦"号航空母舰上巨大的燃油舱、汽油舱和淡水舱是另一种防雷装置。这些很深的垂直油水舱与军舰平行，紧挨着船体。作用在船体上的力通常能被这些油水舱的液体吸收掉。船体内的隔舱是最后一道防线。

"列克星敦"号航空母舰有600个隔舱，都可以用水密门和舱口盖关死。哪一个隔舱进水，就设法把水堵住。如果漏洞太大或够不着，就把这个隔舱的水密门关死，用周围的舱壁支持。结果，这些舱壁和水密门就成了军舰的"舰舷"了，因为它们堵住了海水。

鱼雷在爆炸之前是穿不透有防雷护壳的军舰主船体的，穿甲弹和炸弹也是如此。雷头内装有高度灵敏雷管的鱼雷以50节速度驰来，在触到船身的一刹那雷头里的炸药就爆炸了，炸不到军舰的要害，爆炸的能量消耗在外面的保护层上了。

这回，"列克星敦"号航空母舰在4分钟内中了5枚鱼雷，全在左舷中部靠前的地方。有两枚靠得很近，第二枚严重破坏了主船体。由于这里完全丧失了浮力，加上左舷许多被破坏的隔舱进水，结果造成了航空母舰船体发生6°横倾。

希利率领负责灭火和堵漏的损害管制勤务部门的几百人进行堵漏。当"列克星敦"号航空母舰还在作战时他们就在进行抢修和堵漏了，甲板下面的那些最初的情况在战斗的间期报告了舰长。希利报告说，落在左舷127毫米前炮位爆炸的那颗重磅炸弹引起那里的127毫米炮弹连锁爆炸，将军住舱起火，但火势已被控制住，很快扑灭了。总的来说，结构上遭到的破损是无关紧要的。

对于鱼雷给船体造成的破坏和落在船体两侧的重磅炸弹所起到的"触雷"效果,希利也是乐观的。他说,所有隔舱都已顶住,所有舱壁都已加固。他的部属当时正忙着在破洞附近的隔舱里"恢复军舰的本来面目"。他向谢尔曼舰长保证,那点轻微的横倾很快能消除。这样的横倾对"列克星敦"号的航行没有什么影响,但对飞行作业极为不利,可能成为危险因素。他已经命令损管人员把燃油从某些左舷油舱抽到右舷的空油舱里。这种重量转移可以控制得分毫不差,一小时内就能使军舰平衡过来。他只有一个请求:"我有个建议,舰长,"他最后说,"如果非要再挨鱼雷的话,让它们打在右舷。"

损管人员做得很出色,当空中攻击部队首批飞机从200海里外攻击日本部队于12点40分返回时,飞行员们从空中一点也看不出军舰遭到了攻击。许多人降落后听说遭到一支日本海军航空兵部队全力以赴的轰炸和鱼雷攻击并多次中弹,都很吃惊。

"列克星敦"号航空母舰的飞行甲板在攻击中几乎没受到损害,只是左舷127毫米炮位附近的飞行甲板边缘中了一颗重磅炸弹,炸开一个小洞。在飞行员返航以前,水兵们已把飞行甲板上的飞机推到舰首,用机翼把这块遭到破坏的不大的地方遮住了(所有飞机全在舰尾飞行甲板上降落)。炮位附近飞行甲板上的这点轻伤无碍飞机的起飞,因为只是伤在离飞行甲板外缘不到两米的地方(飞行甲板宽度有30多米)。

"列克星敦"号航空母舰的巡航速度也没有减低，它以25节航速与舰队保持相对位置。机电长讲，航速还能再快些。他报告说，一颗落点离舰尾很近的炸弹（当时他以为是中了一枚鱼雷，因为气浪震撼了整个军舰），使3个锅炉舱暂时停止工作，经一小时抢修后修复，眼下16台主锅炉全部工作正常。

下面的报告令人很放心，全舰工作正常，这大大提高了舰桥上的乐观情绪。一位军官回忆起来："列克星敦"号航空母舰的设计师曾经断言，它即使命中10枚鱼雷也不会沉没。看来他们说对了。即使是现在，这位"老姑娘"的状况看来也丝毫不严重。那些靠近弹（在两侧爆炸，一共有十几颗，使舰身受到强烈震动）完全起到了水雷爆炸的作用，但对军舰毫无影响。

"列克星敦"号航空母舰的医务部门照管着全舰的伤亡人员。127毫米前炮位上命中的那颗炸弹炸死了许多人，剩下的人也被烧伤或震昏了。医务人员把他们从着火的炮位上抬走，进行了治疗，急救是在过道上进行的，然后送到离那里有130多米的舰首的医院（医院在第3层甲板上）。

敌机的炸弹碎片和机枪扫射造成许多伤亡，其中有些是127毫米左后炮的陆战队员。飞行甲板两侧炮位上的人员遭到靠近弹弹片的杀伤。烟囱上的舰尾对空瞭望哨有几个人伤亡，也是由于扫射和弹片造成的。译电室和军需勤务部门也有一些人被浓烟熏昏或震昏。

第四章 航空母舰大PK

"列克星敦"号上受损的甲板

医务人员费了很大力气才把烟囱过道上的伤员撤下来。他们在烟囱过道上系上绳索,把箱式钢丝担架吊上去,再把经过急救的伤员在担架上绑好,吊放到20米以下的飞行甲板上。从弯弯曲曲的螺旋楼梯上往下面的飞行甲板上吊放伤亡人员的时候,这些担架也用上了。

军舰继续向北疾驶,接近敌人,准备在下午再发动一次袭击。12点45分,从舰内深处传来低沉的隆隆爆炸声。有人认为是一颗炸弹延期爆炸了。可能是一颗在攻击时命中的炸弹,钻到下层甲板里,现在才爆炸。

但很快知道这个说法是不对的。在这次爆炸20分钟后,又发生一次爆炸。每次都引起了大火,火势开始在整个下层区域蔓延。不久,内部爆炸造成的损害的程度就充分看出来了。

爆炸是在损管中央部位附近发生的。损管中央部位是指挥所有损害管制勤务的舱室,是波普·希利办公的地方,他当时正好在场。波普和另外几个在这里值更的人被炸身亡。虽然对日本人作战阶段已结束,但对"列克星敦"号航空母舰的官兵说来,却是一连串更加残酷和血淋淋考验的开始。

在以后5个小时里,战士们遭到了比在整个对日作战里还要大的伤亡。这些人已经遭到了103架日本飞机的狂轰滥炸,但是眼下舰上贮存的油料和弹药却成了大敌,使这艘英勇的老舰不断遭到蹂躏。舰员们又奋起进行第二次殊死战斗。全体舰员不分职务高低,怀着无比坚定的决心，鼓起勇气，毫不动摇地并肩投入到这场长时间的，艰苦卓绝和危险无比的战斗中。

一连几个小时爆炸越来越频繁，有的人皮肉都烧焦了，有的人几次被气浪冲到钢甲板或舱壁上，但他们的努力终于防止了"列克星敦"号航空母舰令人心碎的悲剧。人们都十分清楚，"列克星敦"号航空母舰自己的弹药随时都可能爆炸，必须把它们送到海底去，危险面前没有人退缩，仍然忘我地战斗。舰上至少有600人是第一次出海，战斗结束后，所有水手们都得到海军中最高的战斗荣誉。

威廉森回忆："好像是在舰内通信室（电话交换台）或者是在损管中央部位发生了一次爆炸，很可怕。我被冲到栏杆上，把栏杆都撞断了，碰到交换台上。随着爆炸，从损管中央部位的门里刮过来一股巨大的气浪，把我冲到墙上。这股气浪好像是由无数的火苗和火星形成的，跟汽油引擎气缸爆炸时的火苗很相似。

"火苗映着樱桃红色和白色，火星是深红色。这股风刮了只有几秒钟，带来的全是浓烟，真呛人。我的眼睛被爆炸的闪光晃得有点看不清了，烟把人呛得透不过气来。周围的舱室里有人呼叫，我用最大的嗓门喊道：'别慌，憋住气，咱们都出去。'

"电灯还亮着，但是过道里全是烟，看不远。我和别人一道从人孔爬到了机库甲板上呼救。舰员们赶来把损管中央部位受伤和被震昏的人撤走。大约过了5分钟，我想再下去看看。我还没从人孔钻下去，大概是机械车间发生了一次爆炸，不太厉害，但硝烟烈火刮到了甲板上。我报告机电长，说一定是汽油蒸汽爆炸起火了。舰员们用拉飞机的拖车把受伤和烧伤的人送到机库甲板后头。在这期间下面又震了两下。"

经机电人员分析，证明威廉森的看法是对的，是汽油蒸汽爆炸。经过调查弄清，100个辛烷汽油舱在鱼雷爆炸时受到破坏，流出的极易挥发的汽油蒸汽着火，造成了第一次爆炸。

第一次猛烈爆炸把坚固的钢制水密门从折叶上冲落，结实的钢制舱口盖也从螺栓上被扭掉。这样，水线以下几层甲板全被打通了。尤其，从中央损管部位以及前面的下级军官会议室、军士会议室一直到舰首中心医院大约100米甲板上每个舱室的钢门，都被爆炸气浪冲毁了。

气浪把这些压力舱一冲开，气流通过破口自由流通，使大火在整个下层甲板越烧越旺，被气浪冲毁的水密门和舱口盖再也无法阻止火势蔓延了。

★尼米兹的得意之时

珊瑚海之战后，太平洋舰队总司令收到一系列电报。第17特混舰队司令报告，"约克城"号航空母舰被一颗炸弹击中，穿透了几层甲板；"列克星敦"号航空母舰被两枚鱼雷和几颗炸弹击中，有小的损坏。在另一份电报中说，"至少有4次，也许更多次击中了

尼米兹

敌航空母舰,至少有3颗450公斤炸弹命中了目标,敌舰燃烧得很厉害。"不久以后又报告,"'约克城'号航空母舰现在航速能达到30节,建议今晚尽可能把'列克星敦'号航空母舰上的飞机调拨到'约克城'号航空母舰上,并让'列克星敦'号航空母舰撤至珍珠港。"

尼米兹给弗莱彻发了一份电报并抄送金,电报上说:"祝贺你们近两天来取得的辉煌胜利。你们保持了海军的优良传统,发扬敢打敢拼的战斗精神,受到整个太平洋舰队的称赞。这是我们的骄傲,祝你和你的部下一切顺利。"晚间，太平洋舰队总司令尼米兹在作战日志上以谨慎而高兴的心情写道：今天是我们舰队在珊瑚海战斗中一个值得纪念的日子。在过去36小时内，双方航空母舰会战的结果，我们击沉了敌人的"祥凤"号航空母舰，重创"翔鹤"号航空母舰。我方"列克星敦"号航空母舰受重伤，"约克城"号航空母舰受轻伤。……天亮前，"约克城"号航空母舰和"列克星敦"号航空母舰均已向南后撤。

5. "列克星敦"号航空母舰沉没

给甲板上的水龙带提供水源的防消总管道被炸毁，大火也无法用水扑灭。分散在全舰各处的小型辅助电动灭火泵是可以用来灭火的，但由于水源被切断，毫无用场。

随后，没等从舰上未受到破坏的地方把水龙带接过来，大火就把供电线路烧坏了，使这里的人们失去了他们最需要的照明和电源。远处的辅助电动灭火泵不停地开着，但拉过来的水龙带的水量很小，供不应求。所有的化学灭火器全都用上了，也无济于事，因为损管人员刚刚扑灭一处大火，一次新的爆炸又把火场扩大了。

这时，机电人员发现，大火主要来自无法浇水的一些大型油舱。爆炸的频率和强度不断增加，这表明油舱遭到进一步破坏，燃油和汽油向外流得更快了。这些油蒸发到灼热的空气中,很快引起爆炸,不断加剧损害的程度。

第一次内部爆炸后不久,浓烟通过被摧毁的舱室涌进了医院。所有伤员都转移到飞行甲板下面第一层甲板上军舰中部的舰长住舱,在这里建立了临时病房。两小时后,由于火势继续在"列克星敦"号航空母舰内部蔓延,他们又从那里被赶了出来,撤到前部飞行甲板,最后从这里登上了一艘在一旁待机的驱逐舰。

舰内发生的爆炸把电话交换台摧毁,全舰的通信联络遭到破坏,这样,军舰的航行开始受到干扰。从舰桥通往机舱和另外一两个部门的话筒没有受到破坏,但是同其他部门只好通过传令兵保持联系。

又出现了第二个干扰。一小时后(大约13点50分),主电缆被烧毁,由舰桥控制的电动舵失灵了。

"列克星敦"号航空母舰航行时通常是不必使用舵轮和舵链的。舰桥上有一个不大的操纵杆(跟汽车司机用的驾驶盘不一样)连接着位于舰尾最下面的机舱里的两个电动机。舰桥这里一动操纵杆,就启动了其中一个电动机操纵着一个很大的液压筒推动军舰上的大舵。

现在主电缆已被烧毁,控制军舰运动的唯一办法就是使用辅助舵机或是安装在液压筒附近的舵轮。

只要舰桥上通往驾驶室舵轮的辅助话筒能够使用,谢尔曼认为

"列克星敦"号上水手弃舰逃生

"列克星敦"号航空母舰还是操纵自如的。但是这个话筒很快也被大火烧坏,舰桥和舵轮之间完全失去了联系。

舰长做出的临时性决定是,从舰桥到舵轮之间用人建立一条活的线路,隔着4层甲板,有150米长。军官们指挥大家用口头尽快地传递舵令,但是从舵令的下达到执行,这中间的延迟是无法避免的。"约克城"号航空母舰上的弗兰克·弗莱彻知道"列克星敦"号航空母舰遇到了麻烦,他命令舰队放慢了速度。"列克星敦"号航空母舰最初还能保持编队队形,但不久舰首开始左右摆头,而且越来越厉害,最后对周围的其他舰只造成了威胁。

"编队离开'列克星敦'号航空母舰,由它自己动吧!"弗莱彻向舰队下达了命令。通往舵的电线的修理工作正在进行,一位电工自告奋勇,勇敢地承担了这个工作。这些主电缆是从三脚桅的一根桅柱中穿过的。桅柱是根空心钢管,直径有0.6米。这位电工让别人用一根绳子把他从上面放到电缆断的地方,看看是否能把电缆修好。

很快备好了一根绳子,又在他身上接了一个电话,随后他就消失在这根漆黑的钢管里。人们迅速为他往下松绳子。他成功地割开了电线,但是当他下到管子外面的时候,周围全是火,烤得受不了。他对着电话憋出了一两个字,刚刚被拽上来就昏过去了。

失去了主电缆,不但谢尔曼无法控制操舵,舰内几千只照明用灯泡的电源也被切断了。全舰一片漆黑,照明一直未能恢复。

虽然舰员闭着眼睛也知道走廊和过道在哪里，但是现在那里全是碎片和浓烟。由蓄电池供电的应急照明灯打开了，但是这种带有高倍聚光镜的牛眼电灯在浓烟雾气中也透不过1米远。在下面甲板奋战的舰员都戴着防烟面具，但仍有人被熏倒。

14点30分，又发生一次极为猛烈的爆炸，整个舰突然颤动了一下。这次爆炸毁掉了锅炉舱和机舱的通风系统。通常，电风扇使空气流通，温度保持在人能忍受的水平，在38摄氏度到40摄氏度之间。电风扇被炸烂了，通风设备停止了工作，主锅炉里的油在燃烧，主机继续转动，气温一下子升到摄氏63摄氏度到70摄氏度。

谢尔曼问了问航海长"从这里到最近陆地的距离和到澳大利亚最近的海角的距离。"几分钟之后，传来了命令，要标一条到澳大利亚海岸某个海角的航线，所罗门斯操舵长正在做航路绘算，这时，锅炉舱里不能再待人了。

16点，谢尔曼终于下达了锅炉熄火和放弃机舱的命令。

命令传给了当时负责在舱下观察的迈克·科芬。他亲自察看了锅炉舱和机舱的每一个角落，看看是不是所有机舱人员都听到了命令。他命令他们把火熄灭（对"列克星敦"号航空母舰来说是关闭供油管），打开安全阀，把锅炉里的蒸汽放掉。当16台主锅炉的蒸汽从烟囱排掉时，上面的排汽声音大得吓人。

飞行甲板上所有人都很理解这个声音。舰尾4个巨大的青铜螺旋桨停止了转动，这艘大舰逐渐停了下来。

机舱通往甲板的所有正常出口都被大火切断了，火势已经向后蔓延到机库甲板，实际上正在机舱上面燃烧。为了保证下面的每个舰员都出来，容克斯和科芬一直坚持到最后，指挥舰员们从迷宫似的狭窄过道和应急扶梯最后上了后甲板。

这时，下面几层甲板有25%的地方成了火海。火场附近的舱壁烧得通红，厚厚的油漆层开始剥落（17年来反复涂漆，漆层有2厘米厚），一片片燃烧的油漆成了传播大火的火种，穿过旁边的舱壁使别的地方也着火了。

大火吞没了机械车间，那里还存放着20颗450公斤炸弹。这些炸弹是准备那天下午装到轰炸机上去攻击敌人的。那里还有48枚鱼雷，里面装有成吨的只有海军才知道如何制造的高爆炸药。这个舱室位于机库甲板，离火场很近。

突然，又发生了一次猛烈爆炸。烧伤人数无法估计，但从后来的医疗记录上看，伤员们至少有半数是烧伤和炸伤的。大部分舰员不是被烧伤就是被气浪冲到舱壁上，连烧带撞，受了伤。

16点30分，谢尔曼下令，让下面所有人员都上来。

为了保证在各个舱室奋战的每一个人都接到这一命令，人们在烟熏火燎的过道里四处搜寻。军舰在正常情况下用扩音器传达这个命令是再简单不过了，但是现在没有电，只好用人一个门一个门，一层甲板一层甲板地去传达。

一些传令兵下到火场周围和下面的甲板去传达这个命令，因为

经典 百年海战大观 珊瑚海海战

"列克星敦"号舰内发生剧烈爆炸

底舱观察水位和泵站的人也要通知。

当塞利格曼问谁知道通往被火隔开的一个舱室的路时,一个黑人勤务兵走上前去,说他要去。

"你肯定知道路吗?"塞利格曼问,"很可能你永远回不来了,你意识到吗?"

"我明白。"勤务兵回答。

塞利格曼说:"好吧。非常感谢你自告奋勇。去吧,祝你走运。我就在这儿,回来后向我报告。"黑人勤务兵摸到了路,找着那些人之后安全回来了。

一艘驱逐舰靠上来接收伤员,并且帮助灭火。水龙带接过来以后发现水量很小。这时,传来了全体舰员到飞行甲板集合的命令。

大约17点,菲奇在指挥台上探着身子对谢尔曼说:"哎,老伙计,最好是让舰员离舰。"这是弃舰命令,丝毫不带戏剧性,只不过是两位老水手之间讲的一句话。他们都看到,再也没有办法拯救"列克星敦"号航空母舰了。几分钟前,塞利格曼已经分别向他俩报告,一次毁灭性的爆炸迫在眉睫。炸药的温度早已大大超过了理论爆炸点,随时都可能爆炸。一位飞行军官知道这个情况后很伤心,他很想看看鱼雷究竟热到什么程度,于是溜进了机库甲板。他避开火头来到存放鱼雷的地方,把手往光滑的雷头上一放就惊叫着缩了回来,滚烫的金属雷壳把他的手掌烫起了泡。

经典 百年海战大观 珊瑚海海战

"列克星敦"号舰员纷纷捋着绳子滑到水里

执行弃舰的命令是塞利格曼的任务。他立即让几十个干不同工作的人忙了起来。有的搬出沉重的绳子,一头固定在飞行甲板的栏杆上,一头放到海里,其他人放下了救生筏。这种筏子是椭圆形的,长3.3米,宽2.7米,四周有一圈软木,里面是绑着绳子的木格子底,上满人之后筏底要沉到水里一米多,筏子上的人就站在齐腰深的水里。

有的人为某些舱室第一批撤走的人登记,分发备用的木棉救生衣,为舰员离舰做最初的准备工作。弃舰工作在有条不紊地进行。

这时,弗莱彻在他的旗舰"约克城"号航空母舰上得知放弃

第四章 航空母舰大PK

"列克星敦"号遭到重创时的场景

"列克星敦"号航空母舰的决定,他在回答时问谢尔曼需要什么援助,谢尔曼打信号答复后,弗莱彻派去了3艘巡洋舰和4艘驱逐舰,准备接走"列克星敦"号航空母舰的舰员。

舰队的其他舰只继续向远方驶去。"约克城"号航空母舰必须始终保持着空中巡逻,这是具有双重意义的,因为保卫"列克星敦"号航空母舰的只有这样一道空中防线了。在几小时前,谢尔曼根据通常的预见就命令"列克星敦"号航空母舰的飞机到"约克城"号航空母舰降落,"约克城"号航空母舰尽其可能接收了这些飞机。这样,"列克星敦"号航空母舰有25%的飞机得到拯救,参加了以后的战斗。那些飞机都是没有在战斗中受伤的飞机,成了对"约克城"号航空母舰的物质增援,大大超过了此舰本身损失的飞机数目。

从两舷放下的大约十七八米长的绳子刚一系好,舰员们就揽着绳子滑到水里,爬到筏子上。这时大约是17点15分。一艘驱逐舰靠在右舷,接走了顺绳子滑到该舰甲板上的四五百人。

★ 指挥部初接"列克星敦"号航空母舰沉没后的反应

当天,在收到弗莱彻给麦克阿瑟的另一份电报时,珍珠港司令部的欢快情绪烟消云散。电文说"'列克星敦'号航空母舰处境不妙,要求空中全力掩护。"然后报告了第17特混舰队的位置、航线和航速仅20节,"可能还要慢"等情况。

太平洋舰队参谋部刚刚做出结论："列克星敦"号航空母舰安然无恙，正在平稳地行驶，能够恢复飞行战斗。现在说它"处境不妙"，意味着原先的工作出现了差错。夜晚（珊瑚海还是下午），尼米兹和他的参谋部惊悉，航空母舰很可能保不住了。尼米兹喃喃地说："'列克星敦'号航空母舰是不该丢的！"他很快发现周围的人一个个垂头丧气的样子，便接着说："记住这一点，我们丝毫也不了解敌人受损失的情况。肯定敌人也受到了重创。敌人的情况也并非称心如意。"

第五章
惨胜扭转时局

★ 几分钟前，塞利格曼已经分别向他俩报告，一次毁灭性的爆炸迫在眉睫。炸药的温度早已大大超过了理论爆炸点，随时都可能爆炸。

★ 美国报界使公众对谁应当戴上胜利的桂冠毫不怀疑——但这是因为美国海军将"列克星敦"号航空母舰被击沉的事实巧妙地隐瞒了4个多星期。

★ 尼米兹只有3艘航空母舰去攻击南云忠一的4艘航空母舰，但是他有一艘永不沉没的航空母舰，就是中途岛。尼米兹将海军最好的飞机和最优秀的飞行员都配置在这3艘航空母舰上。

★ 中途岛战役的胜利得之不易，美国损失了一艘航空母舰和一艘驱逐舰，147架飞机、307人。此外，中途岛的军事设施普遍遭到破坏，荷兰港设施也遭到中等程度的损坏。

1. 了不起的惨胜

当这艘驱逐舰载着"列克星敦"号航空母舰的伤员和几百名舰员驶离时,舰上自发地喊了起来,最后汇成了对谢尔曼表示致意的3次强烈欢呼。在此沉闷的时刻,这确实使人精神大振。欢呼的舰员们都是这位舰长领着参加战斗的。他们知道他是个行家,因此到最后还向他欢呼致意。

大部分舰员从左舷舰尾下到水里。军舰顺风而去,留下了一排有1000米长的游泳的人流和满载的筏子。除了一艘巡洋舰和一艘驱逐舰外,所有其他军舰都在右舷,跟着这排人流,尽快把他们从水里捞上来。

即使这样迅速地干,把舰员从水里捞到舰上也花了不少时间,因为每艘巡洋舰和驱逐舰只有一条摩托艇。战时海军舰只出海时都把小艇撤掉,"列克星敦"号航空母舰上的小艇也撤掉了。弃舰工作一共进行了两个多小时。

一切都在有条不紊地进行。有的人走到飞行甲板边上,往下边看了看,耸了耸肩,又走回来,说:"下面人太多不行,我得等一会儿,到人少了再说。"

第二艘驱逐舰在右舷接走了更多的伤员。炮手们正忙着往下卸20毫米炮的炮管和弹夹（这些炮管在打过之后是可以更换的）。他们知道，这艘驱逐舰也有这种型号的小口径炮，所以把炮管卸下来，使它不至于同军舰一起沉掉，造成浪费。

大火已经烧到存放127毫米炮弹的地方，为了防止它们在舰上爆炸，炮手正在把炮弹抛到海里。

没有人急着离舰。后来点名知道，舰上92%的人员都得救了。听了汇报后，谢尔曼舰长发现只失踪了8%的人员。这些人肯定是死于空战、轰炸和鱼雷攻击，也有灭火和舰内爆炸时牺牲的。舰长

"列克星敦"号甲板上浓烟滚滚

确信，发布弃舰命令时活着的人全部得救了。

据"列克星敦"号航空母舰上的士兵回忆：

"列克星敦"号航空母舰的速度越来越慢，像火葬柴堆发出的乌黑的油烟在倾斜的飞行甲板上缭绕，同安全阀放出的滚滚白色蒸汽交织在一起。夹住的救生圈被取了下来，过道里灌满了烟，"牛眼"灯的灯光昏暗，伤员们从过道被抬到甲板上面。"莫里斯"号驱逐舰和"哈曼"号驱逐舰顶风开来，靠拢庞大的"列克星敦"号航空母舰，开始救走幸存者。"好啦，特德，咱们一起把人救出来吧！"菲奇海军少将对谢尔曼说。菲奇知道，这艘航空母舰快要完蛋了，从底下往上翻腾的酷热，很快就会烤得甲板不能走人。他们在飞行甲板上井井有条地排着队，准备顺着15米长的绳子爬到海里或者爬到等候着的驱逐舰上面，当轮到自己往下爬的时候，人们似乎不愿离开这个行将沉没的朋友。

军需官威廉斯想把航空母舰保险柜里的大量美钞抢救出来；一队水兵正在若无其事地吃着冰淇淋，这是他们戴着钢盔从厨房里抢出来的。水兵们顺着绳子往下爬，把他们的鞋子留在甲板上面，一双双摆成许多排；瓦格斯——谢尔曼的狗——被小心翼翼地递到一条驱逐舰上。谢尔曼最后一个离开，他在舰上最后转了一圈，看看有没有活着的人留在上面。离舰的人没有一个需要在舒服的温热的海水中待上很长时间。

救援的小舰队开走了，夜幕降临了，"列克星敦"号航空母舰倾斜得更厉害，仍然停在甲板上的飞机从右舷翻进海里，火舌开始窜向舰上高大的上层建筑。当黑夜吞没第17特遣舰队的时候，"列克星敦"号航空母舰仍然在作死亡前的痛苦挣扎。最后，22时，弗莱彻命令"费尔普斯"号驱逐舰结束这一悲惨的景象。"列克星敦"号航空母舰冒出的黑烟太浓密了，谁也看不清它是怎样沉没的，驱逐舰发射的鱼雷引起了最后的大爆炸，毁坏的舰体沉入珊瑚海海底。

尼米兹得知"列克星敦"号航空母舰沉没后，看到珍珠港司令部笼罩着阴郁的气氛，马上安慰大家说："记住这一点，我们丝毫不知道敌人的情况——敌人受到多大的打击。可以有把握地说，敌人也受到了打击！"

究竟日方受到多么惨重的打击有待猜想，因为尼米兹和他的参谋部都不相信美国飞行员所说的已经击沉了那两艘日本航空母舰。失去"列克星敦"号航空母舰使弗莱彻放弃了派遣巡洋舰队进行夜战的打算。

在接到尼米兹关于不要拿他剩下的航空母舰进行不适当的冒险的命令之后，第17特遣舰队便向东南方向驶往努美阿。

高木武雄向着所罗门群岛北部航行了一夜，那儿有一艘油船等着执行紧急加油的任务。高木也不想再追了。尽管受伤的"翔鹤"号航空母舰正以较慢的速度驶往特鲁克，他仍然能够实施一次全面空袭，因为有用的飞机已经转移到未受伤的"瑞鹤"号航空母舰。

但是，无论是他，还是他的航空兵司令，都认为没有理由怀疑他们的飞行员所说的美国航空母舰确已葬身珊瑚海海底。

井上成美已经决定召回入侵莫尔兹比港的部队，再次推迟入侵巴布亚半岛，直至更多的航空母舰和岸基飞机能够赢得有争议的珊瑚海的制空权。当山本五十六在午夜收到井上成美召回入侵部队的电报的时候，他气愤地电令高木武雄改变航向去"消灭敌人"。

第二天上午，"瑞鹤"号航空母舰的飞行员必须起飞去进行另

作战勇敢的美国舰载机飞行员

一次黎明侦察巡逻。在后来的两天中，他们在波光粼粼的寂静的珊瑚海上航行。海上仅有的是第一次海战留下的尸体。在这场海战中，双方的飞机攻击对方的舰艇，双方的指挥官一次也没有看见对方的舰只。

日本人损失了71架飞机和排水量12000吨的"祥凤"号轻型航空母舰，1074人死亡。美国海军估计损失了66架飞机、一艘油船、一艘驱逐舰，排水量42000吨的"列克星敦"号重型航空母舰被击沉，"约克城"号航空母舰被击伤，543人死亡。

按吨位计算，日本海军显然取得了珊瑚海海战的战术上的胜利。但是，被击沉的舰只的数目并不一定意味着战略上的胜利。假若把珊瑚海海战的后果，同这次海战对后来一系列事变的结果所产生的影响相衡量，那么美国及其盟国毫无疑问取得了决定性的胜利。

弗莱彻的部队成功地挫败了日本南下以便控制珊瑚海和澳大利亚的海上通道的战略计划。自从珍珠港事件以来，日本海军不可战胜的神话第一次遭到沉重的心理打击，这是一个将使战略力量对比发生重大变化的事件。尼米兹宣布这是"一个将产生决定性的具有深远意义的胜利"。意义究竟多么深远，他在后来的一个月里还无从知道。损失了一艘轻型航空母舰和许多训练有素的飞行员，虽然是有限地但却是决定性地削弱了日本"联合舰队"的优势，这将严重影响山本五十六海军大将谋求在中途岛同太平洋舰队摊牌的行动计划。

美国报界使公众对谁应当戴上胜利的桂冠毫不怀疑——但这是因为美国海军将"列克星敦"号航空母舰被击沉的事实巧妙地隐瞒了4个多星期的缘故。"日本人在太平洋大海战中受挫，17～22艘舰只被击沉击伤。"通常保守的《纽约时报》在5月9日刊载了这样的大字标题。"极好的消息！"日本同盟通讯社则在正式新闻公报中宣称自己是胜利者。双方的宣传机器继续进行珊瑚海海战，日本海军声称他们击沉了两艘航空母舰和一艘战列舰。

珊瑚海之战，日本人可谓是吃了亏。根本原因还是因为自负，比如在无线电通信上，山本五十六在袭击珍珠港时不允许使用无线电传送任何有关的计划，而如今却张扬作战行动，使用无线电传发有关下一步作战的命令。他的许多命令以及其他的作战电报都是使用美国正在破译的JN-25密码拍发的。因此，在4月中旬，尼米兹就知道日本正在计划进攻新几内亚的东部，并且还知道针对太平洋的一些图谋正在酝酿中。在4月底，他就知道日本要在5月的第一个星期内在图拉吉登陆，随后进攻莫尔兹比港，几个星期后，日本人将进攻太平洋地区的其他地方。

尼米兹一向对空袭东京不感兴趣。他认为这没有实际的军事价值，不过是为了鼓舞士气。除了轰炸机和它们的驾驶员之外，连两艘航空母舰以及舰员和海军最有经验的航空母舰编队指挥官都要冒着有去无回的风险。现在，面对着南太平洋迫在眉睫的作战任务，

第五章 惨胜扭转时局

"列克星敦"号上的"复仇者"式鱼雷机中队

尼米兹集结了他所有能够使用的兵力。

海战的高潮是在5月8日早晨。当时美日双方的航空母舰终于都发现了对方，而且几乎同时发起攻击。这是历史上首次在航空母舰编队间发生的海战，也是首次双方舰队都是在对方视距之外进行交战的。美日双方的空中攻击能力旗鼓相当，但日本飞行员的有利条件是他们经验丰富。日本飞机有云层的不断掩护，而美国飞机则暴露在晴空下。

当美国的攻击机发现了日本的机动编队时，"瑞鹤"号航空母舰急忙躲避到云雨中，但俯冲轰炸机击中了"翔鹤"号航空母舰，3颗炸弹就使它退出了战斗。它的舰载机被迫到"瑞鹤"号航空母舰的甲板上避难。几乎在同一时刻，日军的轰炸机对"约克城"号航空母舰也进行了多次的攻击，结果只有一颗炸弹穿透了它的3层甲板，炸死了37人，但却没有妨害它的飞行活动。中了两颗鱼雷的"列克星敦"号航空母舰还可以回收它的飞机。但破裂油管使它的舱内充满了危险的气化汽油，最后终于爆炸，引起无法控制的大火，以至不得不弃舰。太阳快要落入地平线时，编队中的一艘驱逐舰用4枚鱼雷将其击沉。

以吨位上的损失来看，日本显然是战术上的胜利者，但从战略上看，美国人是胜利者。在这次海战中，他们第一回挫败了日本的进攻。更重要的是，他们重创了"翔鹤"号航空母舰，使其几周内不能出海作战。在美机和炮火的打击下，"祥凤"号航空母舰和

受到重创的"翔鹤"号

"翔鹤"号航空母舰的舰载机几乎全部损失,"瑞鹤"号航空母舰的舰载机也难以执行战斗任务了。因而,在马上就要展开的中途岛海战中,日本就减少了三分之一的攻击力量。

★ **最后的大将:井上成美**

井上成美年轻时考入海兵37期时的成绩是180人中第8位,毕业成绩为179人中第2位,受赐望远镜,为少尉后补生,乘坐"宗谷"号巡洋舰开始海上生涯。年轻时代,他因拥有一口无比流利的英语,曾被政府授予海军武官身份长期被派往日本驻美、法、意大利等国使馆。直到40岁左右才以"海军大佐"身份返国出任日本海军大学的战术教官,两年之后被提升到职责相当重要的"日

井上成美

本海军省军务局第一课课长"。

那时日本朝野上下弥漫着一股大日本式的自大侵略意识，但井上却很低调，曾讽刺道："陆军自封为中流砥柱，却不知所谓中流砥柱只不过是黄河中几块妄想阻拦潮水东流的顽石而已。"

珊瑚海海战时，井上成美被己方战报误导，下令舰队返航，未能扩大战果。当时美国舰队已经撤退了，第四舰队司令长官井上成美那时候要是出动了莫尔兹比攻略部队的话，估计麦克阿瑟又得搬家。

山本五十六战死之后，米内光政复出，启用井上成美为海军省次长，随即又向天皇保举其为海军大将兼海军大学校长。

战后，不像其他将领利用昔日人脉活跃于政商界，井上成美返回故乡，当起英语教师。

2. 更猛烈的新战役

哈尔西带领着第16特混舰队——"企业"号航空母舰、"大黄蜂"号航空母舰编队赶赴珊瑚海，但为时已晚，尼米兹命令哈尔西和弗莱彻双双带着他们的舰队返回珍珠港。不过，尼米兹指示哈尔西要他在确信图拉吉岛上的日本侦察机已经发现他的航空母舰编队之后再开始返航。如果日本人相信美国所有的作战航空母舰都在南方，他们就可能对即将开始的中途岛海战掉以轻心。

6个月前，南云忠一曾为袭击珍珠港向东开进，如今，他再次东渡太平洋。这次是从日本内海出发的，启程日期选在5月27日——日本海军节，以纪念东乡平八郎元帅在对马海峡取得胜利的日子，图个吉利。这次的任务是对中途岛进行袭击，主要目的是引出美国的航空母舰编队加以歼灭，以完成6个月前未完成的任务。

在这次紧急出动时，虽然南云忠一的机动编队少了2艘最新的航空母

宣誓就任南太平洋舰队指挥官的哈尔西

舰，但这对水兵和飞行员们的斗志几乎没有一点影响。因为他们已经打了一系列的胜仗，他们没有为最近的珊瑚海海战感到消沉，原因是他们认为自己击沉了2艘美军的航空母舰。

更重要的原因是这次不是南云忠一编队单独出击，他们的背后是整个的日本"联合舰队"。除了运输舰船、油船和其他辅助船，日本在海上有11艘战列舰、8艘航空母舰、23艘巡洋舰和65艘驱逐舰。

而尼米兹除了一些陆基飞机外，只有3艘航空母舰、8艘巡洋舰和14艘驱逐舰来抵挡日本的庞大舰队。

这样一种悬殊的兵力对比预示了日本将取得控制太平洋的胜利。如果山本五十六集中使用兵力，取得胜利将是确定无疑的。然而，山本五十六希望取得一个日德兰式的大围剿，极其荒唐地分散了兵力。第2航空母舰机动编队包括1艘重型新航空母舰和1艘轻型航空母舰，它是最先北进的编队。第2机动部队于6月3日袭击了阿留申群岛的荷兰港，其目的是为了迷惑美国人和可能吸引他们的一部分编队北上。第2航空母舰机动编队袭击之后，两支登陆队占领了阿留申群岛最西端的阿图岛和基斯卡岛。

在山本五十六部署的核心位置的是有4艘航空母舰的南云忠一编队，称为"第1航空母舰机动编队"，它将在6月4日袭击中途岛。从西南北上的"中途岛登陆编队"在1艘轻型航空母舰、2艘战列舰、10艘巡洋舰和许多驱逐舰的护航下，准备将5000人送上中途岛。在此之前，南云忠一的舰载机及其舰炮预计已把这个环形珊瑚岛炸瘫了。

南云忠一编队的背后几百海里处就是所谓的"主力舰队"，这是一支威力强大的战列舰群，由一艘轻型航空母舰提供空中掩护。

这些战列舰是山本五十六胜利设想的中坚力量。南云的袭击可能引诱出美国的航空母舰，将警戒阵位定在珍珠港以西的日本潜艇既可以攻击美国的航空母舰编队又可以发现它们的到来。当美国的航空母舰以及护航舰队进入攻击范围后，南云忠一的航空母舰将率先进攻，而后由战列舰冲上去收拾它们。

联合舰队司令山本五十六亲自在战列舰群中督战，坐镇于排水量6.4万吨的"大和"号超级战列舰。这样，他就同大本营及情报中心都失去了通信联络，在海战打响前他要求保持无线电静默，这样他与分散的舰队也无法联系。显然，他不能一直坚持在海上，参加他认为是一场决定性的海战。这是尼米兹绝不会犯的一个错误。

山本五十六作战计划是把胜利寄托于突然袭击上的，而美国人早就知道了这场即将发生的海战。如前所述，由于时间紧迫，日本联合舰队司令山本五十六使用JN25密码用无线电向广为散布的舰队下达他的指示。珍珠港战斗情报单位及其电台截获并破译了这些电报，然后将其送往太平洋舰队司令部，这样，尼米兹对山本五十六的作战计划知道得要比某些日本军舰的舰长还要多。电报的

"大和"号超级战列舰

　　详尽程度甚至使得尼米兹的某些军官认为，这些情报可能是假的，是精心策划用来迷惑美国人的。

　　因为没有更可靠的情报渠道，尼米兹决定将其计划基于这些电报属实的假设上。在珊瑚海海战的前夕，他曾率领他的一些参谋人员飞往中途岛，对两个岛的环礁、沙滩和东端进行了详细的视察。此后，他向中途岛调运了各种他认为是抵抗大规模登陆和坚守该岛所需要的各种战备物资。

　　尼米兹清楚地知道山本五十六的全局部署中最薄弱的致命点是

南云忠一编队,它缺少足够的空中掩护,而且远离其他的编队,难以得到快速支援。尼米兹只有3艘航空母舰去攻击南云忠一的4艘航空母舰,但是他有1艘永不沉没的航空母舰,就是中途岛。尼米兹将海军最好的飞机和最优秀的飞行员都配置在这3艘航空母舰上。他所统辖的陆军飞行员虽然没有受过对舰作战训练,但是,他也将所有最好的和他认为最好的飞机调往中途岛。

5月26日早晨,哈尔西的"企业"号航空母舰和"大黄蜂"号航空母舰编队——第16特混编队返回珍珠港。哈尔西病倒了,连续6个月来他一直作为航空母舰战的先锋所造成的神经紧张导致了严重的皮肤病。医生根据哈尔西难以忍受的情况,要求他入院治疗。这样,在一个月内,哈尔西第2次错过了实现他渴望给日本航空母舰以狠狠地回击的机会。

航空母舰编队全面的战术指挥权如今落在了弗兰克·弗莱彻的肩上。根据哈尔西的举荐,尼米兹任命哈尔西巡洋舰分队的指挥官——雷蒙德·斯普鲁恩斯指挥16特混编队。

27日下午,弗莱彻的第17特混编队抵达瓦胡岛,"约克城"号航空母舰拖了一条长达10海里的油迹。在这紧急情况下,是绝不可能对它进行大修的。珍珠港的工人只用木头支撑住破损的部位,被击穿的舰体只是勉强堵上了。

斯普鲁恩斯指挥的第16特混编队在5月28日离开珍珠港,前往中途岛海域。第17特混编队第2天也接踵而去。那些用于报告美国航空母舰行动的日本潜艇在两支美国航空母舰编队通过之后才到达了珍珠港以西指定的阵位。

第16与第17特混编队于6月2日在海上会合，在弗莱彻的统一指挥下，两支编队在中途岛的东北方进入阵位，这里是南云忠一编队的侧翼。根据莱顿的判断，南云忠一编队会取道西北，穿过一片由信风与北极寒流形成的终年云雾区接近中途岛的环形珊瑚礁。

6月3日，日军舰载机准确地按计划轰炸了荷兰港。美军侦察机报告，在700海里处有一支庞大的敌舰群正在从西南方向接近中途岛。中途岛上的飞机在白天和夜晚对来犯的敌舰队实施了攻击，但是，这既没迟滞敌舰队的前进也未给其造成任何的严重损坏。弗莱彻正确地判断西南方向的舰队是日军的登陆编队，于是，将其编队驶进到离中途岛200海里的水域内，准备攻击将在翌日到来的南云忠一编队。

6月4日拂晓，中途岛的西北海域在一片云雾的遮蔽下，南云忠一编队起飞了108架舰载机攻击环礁，还留下108架作为预备使用。在云区边缘巡逻的美军"野牛"式侦察机报告了日本航空母舰编队以及飞往中途岛的舰载机，在珍珠港坐镇的尼米兹对莱顿说："好了，你只有5海里，5分钟了。"

在"约克城"号航空母舰回收侦察机时，弗莱彻命令斯普鲁恩斯的第16特混编队前去攻击日本航空母舰。中途岛上的所有飞机全部升空，鱼雷机和轰炸机去攻击南云忠一编队，战斗机去拦截前

正在投放鱼雷的"复仇者"式鱼雷机

来空袭的机群。

美国的战斗机显然不如日军的"零"式战斗机灵活,很快就被击落了一大半。日军的轰炸机炸着了岛上的机库,炸毁了岛上的建筑。但是,飞行机群的指挥官用无线电要求南云忠一必须对中途岛进行第2次空袭,因为他在撤出战斗时,发现机场的跑道还没有被破坏。

美军中途岛岸基鱼雷机和轰炸机正在向西北方向飞行,它们不仅没有战斗机掩护,而且也失去了相互合作,它们分成5个彼此孤立的攻击波对正在拼命机动的日本航空母舰进行攻击。许多飞机被日军的"零"式飞机或防空炮火击落,却没有一颗炸弹或鱼雷击中目标。

在这一连串的攻击行动中，南云忠一先是接到中途岛上空的攻击机群指挥官要求实施第2次打击的建议，就命令待命的飞机撤下鱼雷改装瞬时炸弹。然后又大为震惊地收到侦察机送来的一份报告，说一支显然是"敌对性"的舰队正在向东北开进。于是，他又命令撤下瞬时炸弹改装穿甲炸弹和鱼雷以对付敌舰。

快到8点30分时，当中途岛的飞机就要结束最后一次毫无战果的攻击时，南云忠一的侦察机终于确认敌舰中有1艘是航空母舰。这个可怕的消息恰好在最坏的时刻传来。此时，他的第一攻击波正从中途岛返航，备用的"零"式战斗已经升空去迎击从中途岛起飞的美国飞机，以保护己方的舰艇，在空中的飞机油量大都接近危险限度了。

求胜心切的副指挥官力劝南云立即用待命的轰炸机和鱼雷轰炸机攻击敌人的航空母舰。如果他下令这样行动，那么，前去攻击的日本飞机就会失去战斗机的掩护，也可能遭到象中途岛起飞的没有护航的美军飞机一样的命运。更重要的是第一波攻击机尚在空中，而且其中很多飞机的油料消耗殆尽急需降落，而让第二波攻击机起飞则需耗费一定的时间，这样就会使第一波攻击机及其飞行员遭到严重的损失。另一方面，第一波攻击机着舰后经过加油、装弹，再起飞可为他提供一支强大而有防护力的打击力量。但是，这些行动需要大约2小时，而在此期间美国人可能再次向他扑来，这在航空

第五章 惨胜扭转时局

"约克城"号被炸伤后,舰桥上冒起浓烟

母舰作战中是极为不利的。

经过与空军作战参谋的研究，南云忠一做出了错误的决定。他回收了轰炸机和大部分"零"式战斗机。当他的飞机着舰后，南云忠一将东南航向改为东北航向，向美军航空母舰接近。然后，他向远在450海里以外的战列舰上的山本五十六汇报了自己的作战意图。在这个新的航向上，南云忠一编队遭到了分别来自美国航空母舰的鱼雷机中队的连续攻击，但没有一次攻击成功，并且击落了大多数的鱼雷机。"大黄蜂"号航空母舰的鱼雷机中队的8架飞机无一幸免。

美国胜利的希望似乎很渺茫了。在连续8次对敌编队的进攻中，美国飞机只给日本军舰造成了轻微的损失。10点，南云忠一的航空母舰编队眼看就要完成对中途岛攻击的舰载机的重新装弹和加油。美国的3艘航空母舰都起飞了飞机，但它们的鱼雷机正在不断减少，另一方面，它们的俯冲轰炸机又都飞错了航向。第16特混编队的轰炸机中队飞往预定的南云忠一编队的位置，一无所获，因为南云忠一编队已经改变了航向。"大黄蜂"号的轰炸机转向东南，指向中途岛，恰好来了个背道而驰。"企业"号的轰炸机飞向西北但也未发现目标。

★尼米兹亲自查探中途岛

尼米兹及其参谋人员详细视察了中途岛的两个小岛——东岛

和圣德岛上的全部防御工事。他匍匐着走进炮兵掩体，进入地下指挥所，检查了飞机库，向陆战队守卫人员询问了一些情况，察看了通信设施操作情况，特别是同檀香山联系的重要线路。依靠这条属于旧的太平洋海底电缆系统的线路，使中途岛和珍珠港之间能直接用英语进行联系，而不致受静电干扰或被敌人侦听、破译。尼米兹对视察的情况很满意，在结束视察时，他问驻防军官："还有什么要求，是不是解决了你需要的这些东西，你们就能守住中途岛，打退敌人强大的海陆进攻？""是的，先生。"对方回答说。尼米兹把对方提的要求一一写下来，并把他认为确保中途岛所需要的其他储备物资和补充兵员都写上。不久后，尼米兹立刻派遣舰队送来支援物资。

3. 中途岛，延续传奇

紧接着，美军的运气有了戏剧性的好转。"企业"号航空母舰的机群指挥官跟踪了一艘掉队的日本驱逐舰，并追寻着它的航向。比其他机群晚起飞的"约克城"号的轰炸机开始转向跟随自己的鱼雷机。"企业"号航空母舰和"约克城"号航空母舰的轰炸机中队正在从不同的方向接敌，并且同时飞临南云忠一编队的上空。这两批轰炸机既没有被日本人发现，也不知道彼此的存在，简直没有什么计划能安排得如此绝妙。

日本人没有发现飞临头顶的俯冲轰炸机，因为他们的注意力和他们的"零"式战斗机已经被低空飞行的美国鱼雷机的攻击吸引到海面上——那些鱼雷机刚刚被消灭掉。南云忠一下令反击，他的航空母舰开始迎风行驶准备起飞飞机。满载弹药和油料的飞机停放在飞行甲板上，其余的飞机正在机库装弹和加油。撤换下来的瞬时炸弹还放在机库甲板上准备送回弹药库。此时正是南云忠一编队最怕受到攻击的致命时刻。

激战中的"企业"号

再有 5 分钟，日军的攻击力量就要踏上征途了。然而，就在此时，"约克城"号航空母舰和"企业"号航空母舰的轰炸机从 4500 米的空中俯冲而下，仅仅在几秒钟内就改变了整个战局。它们投下的炸弹击中了"苍龙"号航空母舰、"加贺"号航空母舰和南云忠一的旗舰"赤城"号航空母舰，3 艘航空母舰都燃起了致命的大火并引起爆炸。

未受损伤的"飞龙"号航空母舰起飞轰炸机和鱼雷机追踪着返航的美国轰炸机，攻击了"约克城"号，使之丧失了战斗能力。"约克城"号舰长只好下令弃舰。弗莱彻从"约克城"号转移到一艘巡洋舰上，并把战术作战指挥权移交给斯普鲁恩斯。黄昏时分，"企业"号航空母舰的轰炸机发现了由水面舰艇护航的"飞龙"号航空母舰，4 颗炸弹在舰桥附近爆炸，"飞龙"号航空母舰在轰炸机的攻击中起火爆炸。

远离战场而无法直接参加战斗的联合舰队司令山本五十六命令指挥登陆编队的近藤信竹派出 4 艘重型巡洋舰前去轰击中途岛。山本五十六决心让其余的战舰加速前进，并将南云忠一的水面舰艇归属他直接指挥。他要用这支一决雌雄的编队（4 艘战列舰、9 艘巡洋舰、19 艘驱逐舰）寻找美国舰队进行一场夜间海战。斯普鲁恩斯料想到日军企图，就率舰东撤一直到子夜。时间在一小时一小时地过去，近藤信竹还是未能追上美国舰队。山本五十六意识到，他不大可能赢得这场夜间海战的胜利，相反倒可能成为清晨空袭的牺牲品。6月5日凌晨，他命令停止追击。

"这样的惨败，我们怎样向天皇谢罪呢？"联合舰队参谋部的军官们饮泣说道。

"由我一个人承担。"山本五十六平静地说，"必须向天皇陛下谢罪的只有我自己。"

山本五十六承认这局势已不可挽回，下令"取消中途岛作战"，并指挥"联合舰队"所有舰只加入正在西撤的主力舰队。

这时，正在接近中途岛的近藤信竹的巡洋舰轰击大队也改变航向。正在西行的巡洋舰发现了一艘在水面航行的美国潜艇。在规避一枚鱼雷时，"最上"号巡洋舰和"三隈"号巡洋舰相撞，航速减慢。另外两艘未受损伤的巡洋舰舍弃了它们，加速离开了。

"飞龙"号航空母舰燃烧了整整一夜，在9点沉没。到这时，"苍龙"号航空母舰、"加贺"号航空母舰和"赤城"号航空母舰都已经葬身海底了。"联合舰队"的其他舰只都转向西驶，到中途岛的西北会合，并全面撤退。

斯普鲁恩斯带领着缺少了"约克城"号航空母舰的第16特混编队和第17特混编队在6月5日追了一天也没有赶上正在后撤的日本舰队。斯普鲁恩斯在下午派出了58架俯冲轰炸机向西北方向追击，但是只发现了一艘掉队的驱逐舰，但却没有击中。6日，斯普鲁恩斯的侦察机在西南方向发现了两艘受伤的重型巡洋舰正拖着油迹航行。在一连串的攻击下，轰炸机击沉了"三隈"号重巡洋

"赤城"号航空母舰的甲板

舰,并使得"最上"号巡洋舰一年没能出海作战。日落时分,斯普鲁恩斯看到驱逐舰的油料所剩无几,就下令东返。这又是一个至关重要的决策,因为山本五十六再次纠集了力量准备夜战。

山本五十六终于打出了最后的一拳。6月6日,日本的一艘潜艇在中途岛的东北发现了正在被拖带的"约克城"号。这艘潜艇发射了一排鱼雷,结果击沉了旁边的一艘驱逐舰,并使"约克城"号航空母舰于7日早晨沉没。这一天,日军在美国的阿图岛和基斯卡岛登陆。

中途岛战役的胜利得之不易，美国损失了1艘航空母舰和1艘驱逐舰，147架飞机、307人，此外，中途岛的军事设施普遍遭到破坏，荷兰港也受到中等程度损坏。而日军则损失了4艘航空母舰和1艘重型巡洋舰，322架飞机和3500人，其中包括许多不可弥补的一流飞行员。尽管日本的损失不如美国战时估算的那么严重，但是日本的进攻势头结束了，盟军的反攻即将开始。

★中途岛战役的结果

此战，美军只损失了1艘航空母舰、1艘驱逐舰和147架飞机，阵亡307人；而日本却损失了4艘大型航空母舰、1艘巡洋舰、330架飞机，还有几百名经验丰富的飞行员和3700名舰员。日本海军从此走向了失败。为了掩盖自己的惨败，避免挫伤部队的士气，6月10日，日本电台播放了响亮的海军曲，并宣称日本已经"成为太平洋上的最强国。"当惨败的舰队疲惫不堪地回到驻地时，东京竟然在举行灯笼游行以庆祝胜利。

美国海军首脑事后评价道："中途岛战斗是日本海军350年以来的第一次决定性败仗。它结束了日本的长期攻势，恢复了太平洋海军力量的均势。"同时，此战还给日军高层造成了难以愈合的创伤，这一痛苦的回忆直到第二次世界大战结束还挥之不去，使他们再也无法对战局做出清晰的判断。